Aziz Nesin

Çocuklarıma
An meine Kinder
To my children

Hellmut Lutz / Nevin Lutz

Çocuklarıma
An meine Kinder
To my children

Aziz Nesin'in şiir ve öykülerini Türkçe orijinalinden Almanca ve
İngilizce'ye çeviren, ikinci bölümü yazan ve kitabı yayınlayan:
Hellmut ve Nevin Lutz
Fotoğraf ve resimler: Nevin Lutz

Übersetzung von Aziz Nesins Gedichten und Geschichten aus dem
türkischen Original ins Deutsche und Englische,
Verfassen des zweiten Teils und Herausgabe des Buches:
Hellmut und Nevin Lutz
Fotos und Zeichnungen: Nevin Lutz

Translation of Aziz Nesin's poems and stories from the Turkish original
into German and English, composition of the second part and edition
of the book:
Hellmut and Nevin Lutz
Photos and drawings: Nevin Lutz

Layout: Mehmet Nazmi Demir

© Hellmut und Nevin Lutz
Alle Rechte vorbehalten, insbesondere das Recht des Nachdrucks in
Zeitungen und Zeitschriften, des öffentlichen Vortrags, der
Übertragung durch Rundfunk oder Fernsehen, auch einzelner Texte.

ISBN: 978-3-00-054830-7

Druck und Bindearbeiten:
CPI books GmbH
Birkstr. 10, 25917 Leck

İçindekiler	4
Inhaltsverzeichnis	4
Table of contents	4
Sunuş	8
Zum Geleit	11
Words of welcome	14
Önsöz	19
Vorwort	22
Preface	25
Giriş	29
Einführung	34
Introduction	40
Şiir ve öyküler	47
Gedichte und Geschichten	47
Poems and stories	47
Çocuklarıma	48
An meine Kinder	50
To my children	51
Annemin anısına	52
Zum Gedenken an meine Mutter	54
In memory of my mother	55
Çiçek	56
Die Blume	57
The flower	57
Babam	58
Mein Vater	60
My father	60
Bez çanta	62
Die Leinentasche	64
The linen bag	65
En anlamadığım	66
Das Unbegreiflichste	67
Most incomprehensible	67

Son istek	68
Letzter Wille	70
Last will	71
Anlamadığım ne çok şey var	72
So vieles verstehe ich nicht	73
There is so much I do not understand	73
Böyle gelmiş böyle gitmez	74
So war das zwar, aber so geht das nicht mehr weiter	76
That is the way it used to be but it will not go on like that	77
Uzun yolculuk	78
die lange Reise	79
The long journey	79
Hayvanlardan alınacak ders	80
Was wir von Tieren lernen können	82
What we can learn from animals	83
Biri inat biri sabır	84
Beharrlichkeit und Geduld	86
Tenacity and patience	87
Niçin yazdım	88
Was mich zum Schreiben brachte	90
What made me write	91
Türk-Yunan barışı	92
Friede zwischen Türken und Griechen	94
Peace among Turks and Greeks	95
Bu dünyanın sahibi olmak	96
Eigentümer dieser Welt sein	99
To be the owner of this world	100
Söyleşi	102
Gespräch	104
Chat	105
Şarkılar	106
Lieder	107
Songs	107

Böyle bir dünya	108
Solch eine Welt	110
Such a world	111

Açıklamalar 113
İçerik ve çeviriler hakkında, tarihsel, sanatsal yönleri ve
derste kullanımları açısından açıklamalar
Sorular
İlgilenen okurlar, özellikle de öğretmen ve öğrenciler için
metin ve şiirleri anlamayı destekleyen ayrıntılı sorular
Aziz Nesin'in yaşam öyküsü 165
Aziz Nesin'in eğitim konusunda vasiyetnamesi 167

Hinweise 171
zu den Inhalten und Übersetzungen der Texte, zu historischen
und künstlerischen Mitteln und unterrichtlichen Aspekten
Erschließungsfragen
zu den Texten für interessierte Leserinnen und Leser,
insbesondere Lehrende und Lernende
Aziz Nesins Lebenslauf 228
Aziz Nesins Erziehungskonzept 231

Annotations 235
on the contents and translations and on historic, artistic
and teaching aspects
Guiding questions
on the texts for interested readers, especially teachers
and learners
Aziz Nesin's life story 290
Aziz Nesin's educational concept 293

Notlar / Erklärungen / Explanations 297
Kaynakça / Quellen / Bibliography 299
Teşekkür / Danksagung / Acknowledgements 300

Sunuş

Elinizde bulunan **Çocuklarıma / An meine Kinder / To my children** başlıklı bu kitap, sınırları, renkleri, milliyetleri aşan bir dostluğun, geçen zamana rağmen hep canlı kalmış olan vefanın güzel bir örneğidir.

Bu kitabı, anadili Almanca olan Hellmut Lutz ile anadili Türkçe olan Nevin Lutz hazırlamışlardır.

Kitabın birinci bölümü, Aziz Nesin'in beş öyküsü ile on üç şiirinin Türkçelerini, İngilizce ve Almanca çevirilerini içermektedir. Öyküler ve şiirler Aziz Nesin'in ilgi alanlarını kapsayacak, hem öğrencileri hem de yetişkinleri ilgilendirecek biçimde seçilmiştir.

İkinci bölümü ise, bütün şiir ve öyküler hakkında Hellmut ve Nevin Lutz'un geliştirdiği ve üç dilde hazırladığı öğretmen ve öğrencilere yönelik açıklama ve soruları kapsamaktadır.

Bu kitap, başta Almanya olmak üzere dünyanın çeşitli ülkelerinde yaşayan, anadili Türkçe olan ya da Türkçe öğrenen öğrencilerin ve yetişkinlerin şair ve yazar Aziz Nesin'i ve Türk Edebiyatını daha yakından tanımalarına ve bir kültür dili olarak Türkçeyi sevip geliştirmelerine yardımcı olacak başvuru kitabıdır.

Bu kitap aynı zamanda İngilizce, Almanca ve Türkçe öğrenen öğrencilere yardımcı olmayı, bu dilleri öğreten öğretmenlere de destek vermeyi amaçlamıştır.

Dili öğrenmeye, bu dille yaratılmış edebiyatı tanımaya ve tanıtmaya yönelik kitaplar genellikle iki dilli olarak yayınlanır. Fakat bu kitap, okuyucu dünyasını genişletmek için üç dilli olarak tasarlanmış ve yayınlanmıştır. Kendi alanında üç dilli olarak yayınlanan nadir kitaplardan biridir.

* * *

Hellmut Lutz, 1934 yılında Tanzanya'da dünyaya geldi. 1939'da ailesiyle birlikte Almanya'ya dönmek zorunda kaldı. Çocukluğu İkinci Dünya Savaşı'nın ateşi içinde geçti. Üniversite eğitimini Almanya ve İngiltere'de tamamladı. Kuzey Ren-Vestfalya'da Almanca ve İngilizce öğretmeni olarak çalışma hayatına atıldı. Dünyanın çeşitli ülkelerine yaptığı seyahatlerinde bu ülke insanlarıyla karşılaşıp kültürlerini öğrenmiş ve bir vatana sahip olmanın ne demek olduğunu anlamıştır.

Hellmut Lutz, 1971-1973 yıllarında Ankara Gazi Eğitim Enstitüsü Almanca Bölümü'nde öğretmenlik yaptı. Türkçeyi yaşayarak yerinde öğrendi. O yıllarda Ankara'da Nevin Kiper ile tanıştı. 1973 yılında evlendiler ve aynı yıl Almanya'ya taşındılar. Bu evlilik Alman ve Türk kültür dünyasının içinde güzelleşti ve zenginleşti. Bir de oğulları oldu. Adını Tom Engin koydular ve onu ikidilli büyüttüler.

Hellmut Lutz, Bremen Eyaleti Eğitim ve Bilim Bakanlığı'nın görevlisi olarak birkaç yıl göçmen çocukların okula kaydı ve Almanca kurslarının organizesinde danışmanlık yaptı. Türkçe dersleri için ders programları geliştirme ekibinde çalıştı. Türkçe ve Almanca kitaplarının seçiminde uzmanlık yaptı. Türkiye'den gönderilmiş olan Türkçe ve Türk Kültürü Öğretmenlerinin meslek içi geliştirme kurslarını uzun yıllar yönetti.

Bremen'de yabancı dil öğretmeni ve eş okul müdürü olarak çalıştığı bir Schulzentrum'da Türkçe bildiği için, özellikle Türkiye kökenli göçmen ailelere danışmanlık, onların çocuklarına ise hem danışmanlık, hem de öğretmenlik yaptı.

Nevin Lutz 1953 yılında İzmit'te dünyaya geldi. Yüksek öğrenimine Ankara Gazi Eğitim Enstitüsü Almanca Bölümü'nde başladı. Evlendikten ve Almanya'ya taşındıktan sonra, ara verdiği öğrenimini, Bremen Üniversitesi Özel Eğitim ve Almanca / Yabancı Dil ve İkinci Dil Almanca (DaF/DaZ) Bölümü'ne devam ederek tamamladı.

Uzun yıllar Bremen Eyaleti'nde Özel Eğitim okullarında öğretmenlik yaptı. Bremen Eyaleti Eğitim ve Sosyal İşler Bakanlıkları denetiminde okul öncesi ve çeşitli okul seviyelerinde görev yapan öğretmenlere ve eğitimcilere çok dillilik alanında meslek içi geliştirme kursları verdi. Meslek hayatının büyük bir kısmında, Bremen Eyaleti Eğitim ve Bilim Bakanlığı görevlisi olarak göçmen kökenli çocuk ve gençlerin öğrenme sorunlarıyla ilgili konularda danışmanlık yaptı.

* * *

Hellmut Lutz, Aziz Nesin'i Türkiye'de görevli olarak çalışırken kitaplarından tanımıştı. Nevin Lutz, Aziz Nesin'in gülmecelerini daha çocukken tanımaya başlamıştı. İkisi de Aziz Nesin'i,

Bremen'de yaptığı edebiyat toplantılarında şahsen tanıma imkanı buldular. Hellmut ile Nevin Lutz, uzun zamandır vakfa maddi ve manevi katkıda bulunmaktadırlar. Ayrıca, Nesin Vakfı'nın "Çocuk Cenneti"ni yakından tanımak ve kendi elleriyle de desteklemek için birkaç kez İstanbul / Çatalca'ya gittiler ve bir süre vakıfta çalıştılar.

Nevin ve Hellmut Lutz çifti, Aziz Nesin şiirlerini çevirmeye 2009 yılında başlamışlardı. Almanca çeviriler ve ikisinin de uzun pedagojik kazanımlarının bir ürünü olan bu kitap, büyük bir tutkuyla, yedi yıl süren yoğun, ortak bir çalışma sonunda meydana gelmiştir. İngilizce çevirileri esas olarak Hellmut Lutz yapmış; bu kitapta yayınlanan şiir ve öykülere uygun resimleri çizen ve fotoğrafları çeken de Nevin Lutz olmuştur.

Bu kitabın yayınlanması, Alman ve İngiliz edebiyat ve kültür dünyasını zenginleştirecek, aynı zamanda doğumunun 100. yılında Aziz Nesin'in, dolayısıyla Türk edebiyatının Alman ve İngiliz edebiyat dünyasında tanınmasına önemli bir katkıda bulunacaktır.

Hellmut Lutz ile Nevin Lutz'a bu özverili, sabırlı, vefalı çalışmalarından dolayı şükranlarımı sunuyorum.

Aklınıza, fikrinize, kaleminize sağlık!

Bochum, 12 Kasım 2015
Kemal Yalçın

Zum Geleit

Das Buch **Çocuklarıma / An meine Kinder / To my children**, das Sie in Ihren Händen halten, ist ein schönes Beispiel dafür, wie freundschaftliche Verbundenheit, alle Grenzen zwischen Ländern und Menschen überschreitend, über Jahre hinweg lebendig bleibt. Es wurde von Hellmut und Nevin Lutz, deren Muttersprachen Deutsch bzw. Türkisch sind, gemeinsam geschaffen.

Der erste Teil enthält fünf Geschichten und dreizehn Gedichte Aziz Nesins auf Türkisch und in den deutschen und englischen Übersetzungen. Die Geschichten und Gedichte sind gemäß der Inhalte ausgesucht worden, die Aziz Nesin wichtig waren und die das Interesse von Kindern und Jugendlichen, aber auch Erwachsenen ansprechen.
Der zweite Teil bietet zu allen Geschichten und Gedichten in den drei Sprachen für Lernende und Lehrende Arbeitshinweise und Erschließungsfragen, die von Hellmut und Nevin Lutz entwickelt wurden.
Die Zielsetzung dieses bemerkenswerten Buches ist, in Deutschland und darüber hinaus in verschiedenen Ländern der Welt den Menschen, deren Muttersprache Türkisch ist oder die Türkisch lernen, den Dichter und Schriftsteller Aziz Nesin, die türkische Literatur und Türkisch als eine Kultursprache bekannt zu machen und näher zu bringen. Das Buch ist auch dafür gedacht, Kindern und Jugendlichen, die Deutsch, Englisch und/oder Türkisch lernen, und den entsprechenden Fachlehrerinnen und -lehrern als Arbeitsmaterial zu dienen.
Im Allgemeinen werden literarische Werke, deren Aufgabe und Ziel ist, eine bestimmte Sprache bekannter zu machen und weiter zu verbreiten, als zweisprachige Bücher angeboten. Das hier vorliegende Buch wird aber, um einen größeren Leserkreis anzusprechen, in drei Sprachen veröffentlicht und gehört damit zu den wenigen Büchern seiner Art auf dem Markt.

***

Hellmut Lutz wurde 1934 in Tansania geboren. 1939 wurde die ganze Familie nach Deutschland repatriiert. Seine Kindheit erlebte er zur Zeit des 2. Weltkriegs. Er studierte in Deutschland und England und arbeitete dann in Nordrhein-Westfalen als Gymnasiallehrer für Deutsch und Englisch. Auf Reisen machte er Bekanntschaft mit vielen Ländern und Kulturen und erfuhr, was es bedeutet, eine Heimat zu haben.

Hellmut Lutz war von 1971 bis 1973 in der Deutschen Abteilung der Pädagogischen Hochschule Ankara als Dozent tätig und lernte während dieser Zeit Türkisch. Hellmut Lutz und Nevin Kiper lernten sich in Ankara kennen. Sie heirateten 1973 und zogen in diesem Jahr nach Deutschland. Die stete Begegnung mit der deutschen und türkischen Kultur bedeutete für ihre Ehe großes Glück und andauernde Bereicherung. Sie bekamen einen Sohn, den sie Tom Engin nannten und zweisprachig aufzogen.

Als Berater arbeitete Hellmut Lutz mehrere Jahre im Hause des Senators für Bildung mit bei der Beschulung und sprachlichen Förderung eingewanderter Kinder und Jugendlicher. Er wirkte mit bei der Erstellung von Lehrplänen und der Begutachtung von Lehrwerken für den Türkischunterricht und bei der methodischen und sprachlichen Fortbildung von türkischen Lehrkräften, die aus der Türkei für den Unterricht in türkischer Sprache und Kultur nach Bremen abgeordnet waren.

Hellmut Lutz arbeitete jahrelang als Fachlehrer und Leiter der Gymnasialen Abteilung eines Bremer Schulzentrums; wegen seiner Türkischkenntnisse gehörte zu seinem Aufgabenbereich auch die Beratung von Einwandererkindern und ihren Familien, insbesondere derer mit Wurzeln in der Türkei.

Nevin Lutz kam 1953 in Izmit zur Welt. Sie begann ihr Studium in der Deutschen Abteilung der Pädagogischen Hochschule in Ankara. Nach ihrer Heirat und dem Umzug nach Deutschland setzte sie ihre Ausbildung an der Universität Bremen fort. Sie legte ihre Staatsprüfungen ab in den Fächern Behindertenpädagogik und Deutsch mit der Spezialisierung Deutsch als Zweitsprache / Deutsch als Fremdsprache (DaZ/DaF).

Sie arbeitete viele Jahre in Bremen an Förderschulen. Im Auftrag der bremischen senatorischen Behörden für Bildung und für Soziales machte sie Fortbildung für Erzieherinnen / Erzieher und Lehrerinnen / Lehrer im Vorschul- und Grundschulbereich. Als Beauftragte der Senatorin für Bildung war sie viele Jahre an Grund- und Sekundarschulen als Beraterin tätig in den Bereichen Einwandererkinder und Kinder mit Lernschwierigkeiten.

* * *

Als Hellmut Lutz in der Türkei arbeitete, machte er erste Bekanntschaft mit Aziz Nesin durch dessen Bücher. Nevin Lutz kennt Aziz Nesins Satiren schon seit ihrer Kindheit. Sie beide lernten Aziz Nesin bei seinen Besuchen in Bremen persönlich kennen. Seit vielen Jahren unterstützen beide ideell und materiell das „Kinderparadies" der Nesin Stiftung bei Çatalca. Um das Leben dort aus eigener Erfahrung kennen zu lernen und um durch eigenes Zutun die Stiftung zu unterstützen, arbeiteten sie dort mehrere Male für längere Zeit.

Hellmut und Nevin Lutz begannen 2009 mit der Übersetzung von Texten Aziz Nesins. Die Übersetzungen ins Deutsche und dieses Buch sind das in gemeinschaftlicher Arbeit entstandene Ergebnis langjähriger beruflicher Erfahrung und siebenjähriger intensiver Arbeit. Hellmut Lutz machte die Übertragungen ins Englische. Die Fotografien stammen von Nevin Lutz; ebenso die eigens zu den Texten gezeichneten Bilder.

Die Veröffentlichung dieses Buches anlässlich des 100. Geburtstages von Aziz Nesin bereichert den deutschen und englischsprachigen Kulturraum und trägt wesentlich dazu bei, die türkische Literatur dort stärker ins Bewusstsein zu rücken.

Ich danke Hellmut und Nevin Lutz für ihre gewissenhafte, geduldige und hingebungsvolle Arbeit!

Meine besten Wünsche für weitere erfolgreiche Arbeit begleiten sie!

Words of welcome

The book **Çocuklarıma / An meine Kinder / To my children** which you are holding in your hands serves as a beautiful example of longstanding allegiance and friendship between men going far beyond all ethnic and national frontiers. Hellmut and Nevin Lutz, native speakers of German respectively Turkish, jointly created this work.

The first part consists of five stories and thirteen poems by Aziz Nesin in Turkish and their German and English translations. The stories and the poems have been selected according to what was important to Aziz Nesin and what may appeal both to young and adult readers.

The second part contains trilingual explanatory annotations and guiding questions for learners and teachers on all stories and poems. They were worked out by Hellmut and Nevin Lutz.

This remarkable book aims at making more widely known and more appreciated in Germany and in other countries all over the globe the poet and writer Aziz Nesin, Turkish literature and Turkish itself as a language of art. This applies especially to those whose mother tongue is Turkish or who learn this language.

Furthermore this work is meant to serve as subject matter and study material for learners and teachers of Turkish, German and English alike.

Generally books that are intended to make a certain language better known and more appreciated are published in two languages. In order to reach more readers this book, however, is being offered in three languages. Thus it is one of only a few of its kind on the book market.

***

Hellmut Lutz was born in Tansania in 1934. In 1939 all his family was repatriated. He grew up during the 2nd World War. He studied in Germany and England and worked in North Rhine-Westphalia as a German and English teacher. His journeys all over the world brought him into contact with lots of people and countries; he also experienced what it means to have a home country.

Between 1971 and 1973 he worked as a lecturer in the Department of German at Ankara Teachers Training College. During this period he learned the Turkish language. Hellmut Lutz and Nevin Kiper met in Ankara. They married in 1973 and in that year moved to Germany. Being permanently linked to both the Turkish and German cultures brought additional enrichment and bliss to their married life. They have a son Tom Engin whom they brought up bilingually.

At the Bremen Ministry of Education Hellmut Lutz for a number of years helped implementing teaching and integration measures for immigrant children, assisted in the development of Turkish language curricula and in the review of respective bilingual textbooks. He also gave method and language-orientated in-service training to Turkish teachers seconded to Bremen from Turkey for the purpose of teaching the Turkish language and Culture. For many years Hellmut Lutz was teacher and head of the grammar school department at a Bremen secondary school (Schulzentrum); because of his knowledge of Turkish he also was largely responsible there for counselling immigrant children and their families, especially those with roots in Turkey.

In the year 1953, Nevin Lutz was born in Izmit. She began her studies in the Department of German at Ankara Teachers Training College. After her marriage and move to Germany she continued her education at Bremen University. She passed her state examinations in the subjects Education of Handicapped Children and German as a Foreign / German as a Second Language (DaZ / DaF).

For many years she was a teacher at various special schools for handicapped children. On commission of both the Bremen Ministries of Education and of Social Welfare (etc.) for many years she gave in-service advisory training to pre-school and elementary school educators and teachers. On behalf of the Ministry of Education for quite a number of years she also worked in elementary and secondary schools as a special counsellor to teachers of immigrant children and children with learning difficulties.

* * *

While Hellmut Lutz worked in Turkey he got to know Aziz Nesin by his books. In her childhood days Nevin Lutz first came into contact with Aziz Nesin when she read his satires. Both of them personally got to know Aziz Nesin on the occasions of his visits to Bremen. Since many years they support the Nesin Foundation's educational efforts and financial expenditures of "Children's Paradise" near Çatalca. Several times they went there in order to experience everyday life and to contribute to the foundation's support by weeks of personal practical activities.

In 2009, Hellmut and Nevin Lutz began translating texts by Aziz Nesin. The translations into German and this book are the result of longstanding vocational experience and of seven years of mutual hard work. Hellmut Lutz made the English translations. Nevin Lutz personally drew the pictures and made the photos for this book.

The publication of this book on the occasion of Aziz Nesin's 100th birthday represents an enrichment for German and Anglophone cultural life and substantially contributes to make Turkish literature better known and appreciated.

My thanks go to Hellmut and Nevin Lutz for their scrupulous, patient, devoted effort.

Best wishes and lots of success!

Önsöz

Elinizde tuttuğunuz **Çocuklarıma / An meine Kinder / To my children** adlı kitabı, üç dilde sunuyoruz. Şimdiye kadar kitap piyasasında kendi türünde ender kitaplardan biri olan bu kitabın birinci bölümü, Aziz Nesin'in beş otobiyografik öyküsü ile on üç şiirinin hem orijinal dil Türkçe, hem de Almanca ve İngilizce çevirilerini ve metinlerle ilgili genel bilgileri içeriyor.

İkinci bölümde ise, yine Türkçe, Almanca ve İngilizce olarak tüm on sekiz metinle ilgili açıklamalar ve anlamayı destekleyecek sorular yanında Aziz Nesin'in yaşam öyküsü ve eğitim ilkelerinin kısaltılmış bir şekli de yer alıyor.

Kitabımızın yayınlanmasında, hem Aziz Nesin'le olan karşılaşmalarımızın, hem de Çatalca'daki *Çocuk Cenneti*'nde şahsen çalışarak oradaki günlük yaşamı yoğun bir şekilde yakından tanımamızın büyük rolü oldu. Ayrıca, bilinen bir Türk atasözü olan, *„Bir lisan bir insan, iki lisan iki insan"*dan esinlendik. Bu atasözüne, üç dildeki kitabımızla daha büyük bir okuyucu kitlesine hitap etmek için bir dize de biz kattık: *„Üç lisan üç insan."*

Bu kitapta toplanan şiir ve öyküler, kısa, konu bakımından ilginç ve içerik ve şekil açısından bir bütün oluşturup, yalın ve anlaşılır bir dilde yazılmışlardır. Bu nedenle, edebi metinlerle çok karşılaşmamış okurlar dahi onları anlayıp kavrayabilirler.

Metinlerin seçiminde, içerik olarak insanların çok yönlü yaşam durumlarını işlemelerinin büyük rolü oldu. Örneğin çocukluk ve yetişkinlik, dostluk ve düşmanlık, toplum ve çevre, yoksulluk ve zenginlik, sevinç ve hüzün, savaş ve barış, aşk ve ölüm, kısacası, hem çocuk ve gençlere hem de yetişkinlere, yani hepimize ait olan durumları ele almalarıdır.

Kitaptaki metinlerin uygulanmasında bizim için önemli olan, Aziz Nesin'in yaşadığı dönemin ve çevresinin ona yönelttiği gereksinimlere nasıl yanıt verdiği ve kendisi ve tüm dünyadaki insanların yaşamında önem taşıyan konulara neden ve nasıl eğilerek, bizleri şairane hayal gücüne, şiirsel diline ve düşüncelerine ortak edişini anlamak ve okurlarımıza anlatabilmektir.

Kitaptaki metinler yazılış tarihlerine göre olmayıp, içeriklerine göre sıralanmıştır. Açıklamalar ve sorular da, şiir ve öykülerin sıralamasına göre düzenlenmiştir.

Açıklamalar, içerik, şekil, düzen ve dil özellikleri konularını daha iyi anlayabilmeyi ve metinlerin detaylı ve derin bir şekilde yorumlanmasında yardımcı olmayı amaçlıyor.

Sorular ise, metinlerin içeriğinin anlaşılıp anlaşılmadığını saptamak ve okurları, içerikle ilgili tartışmaya, kendi dünyasıyla olan ilişkileri yansıtmaya ve irdelemeye yönlendirmek amacıyla hazırlanmıştır.

2009 yılında şiir ve öykülerin Almanca ve İngilizce çevirilerine başladık. 2012 yılı ortalarında bu projemizi bir Bremen Oberschule'sinde (ortaokul ve lise) uyguladık. Çok dilli, "Lirik-Şiir" konulu bir proje çerçevesinde, öğrenciler, Aziz Nesin'den seçtiğimiz bazı şiirlerin Türkçe, Almanca ve İngilizce derslerinde ne şekilde yorum, çeviri ve işlenişlerinin yapılacağı yönünde çalışmış ve büyük bir ilgiyle tartışarak sonuçta bazı şiirleri Türkçe, Almanca ve İngilizce olarak dinleyicilere okumuşlardır.

2012 yılının sonunda, Bremen'in başka bir Oberschule'si, 7. sınıflarında "Çokdillilik" projesi düzenledi. Her biri göçmen kökenli ve farklı anadilleri olan dört erkek ve beş kız öğrenciden oluşan bir grup, "Aziz Nesin Okulda" adlı projeyi seçti.

Birlikte, büyük bir ilgiyle Aziz Nesin'in yaşamı ve eserleriyle ve Nesin Vakfı *Çocuk Cenneti* ile ilgili resim ve metinler bularak seçtikleri şiir ve öyküleri sunuş için hazırladılar. Projenin son günü, bu grup, okul halkına, resim ve metinler içeren panolarla projeyi tanıttı. Erkek çocuklar, kendi hazırladıkları *Bez çanta* skecini sahneye koydular. Kız öğrenciler, kendi seçtikleri bir çok şiiri Almanca, İngilizce ve Türkçe okudular.

Grup, çalışma sonrası projeyi değerlendirdi. Aziz Nesin'i, şiir ve öykülerini çok beğendiklerini ve konuların güncelliğini vurguladılar. Çokdillilik projesinde sunulmasını iyi bulduklarını ve ilerde de yapılmasını önerdiler.

Biz kitabımızla, son 50 yıldaki toplumsal değişimlere bir yanıt veriyoruz. Almanya artık önemli bir göç ülkesi olmuştur. Burada 16 milyondan fazla yabancı kökenli insan yaşamakta olup, bunun üç milyon kadarı Türkiye kökenlidir.

Bu üç dilli yayın, okurlarımızın merakını artırarak Aziz Nesin'in başka eserlerini ve bu büyük yazar ve şairin tüm edebi eserlerini tanımaya heveslendirmeyi amaçlıyor. O, tüm enerjisini ve bütün çalışmalarını çok yönlü sanatsal eserleri ve kendi yarattığı *Nesin Vakfı Çocuk Cenneti*'ndeki çocuk ve gençlerin çağdaş eğitimi ve dünyadaki adil, demokratik ve barışçıl toplum düzenlerinin gelişimi için kullanmıştır.

Kitabımızla, Aziz Nesin'e, onun tüm yaşam eserlerine ve okurlarımıza karşı, bütün çalışmamız boyunca taşıdığımız sorumluluğun bilincinde olup, hakkını verebildiğimizi umuyoruz.

Sizin de, değerli okurlar, öğrencilerimiz gibi, Aziz Nesin'in şiir ve öykülerinden etkileneceğinizi umuyor, hepinize zevkli ve verimli bir çalışma diliyoruz!

Nevin ve Hellmut Lutz

Vorwort

Liebe Leserinnen und Leser!
Sie halten in Ihren Händen unser dreisprachiges Buch **Çocuklarıma / An meine Kinder / To my children**. Es ist eines der wenigen seiner Art auf dem Markt und enthält im ersten Teil in der Originalsprache Türkisch und in den Übersetzungen auf Deutsch und Englisch fünf autobiografische Geschichten und dreizehn Gedichte Aziz Nesins und eine allgemeine Einführung in die Texte.

Der zweite Teil bietet jeweils auf Türkisch, Deutsch und Englisch zu jedem der achtzehn Texte für alle Interessierten, insbesondere Lehrende und Lernende, Arbeitshinweise und Erschließungsfragen, den Lebenslauf Aziz Nesins und eine Zusammenfassung seiner Erziehungsgrundsätze.

Für die Herausgabe unseres Buches spielten zum einen Begegnungen mit Aziz Nesin sowie unsere persönliche Mitarbeit und unser eigenes intensives Erleben des Alltags im *Kinderparadies* bei Çatalca eine große Rolle. Zum anderen motivierte uns zu diesem Unternehmen das türkische Sprichwort *"Eine Sprache - ein Mensch, zwei Sprachen - zwei Menschen."* Wir fügten die Zeile „*drei Sprachen - drei Menschen*" hinzu in der Hoffnung, mit unserer dreisprachigen Ausgabe einen großen Kreis von Leserinnen und Lesern zu erreichen.

Die in unserer Sammlung enthaltenen Gedichte und Geschichten sind jeweils kurze, thematisch sehr reizvolle und inhaltlich und formal in sich abgeschlossene Texte in einfacher, unmittelbar zugänglicher Sprache. Sie sind daher auch für Leserinnen und Leser direkt verständlich und erschließbar, die im Umgang mit literarischen Texten weniger geübt sind.

Bestimmend für die Auswahl der Texte war, dass sie von der Vielfalt der menschlichen Lebenswirklichkeiten handeln, beispielsweise von Kindsein und Erwachsenwerden, Freundschaft und Feindschaft, Gesellschaft und Umwelt, Armut und Reichtum, Freude und Leid, Krieg und Frieden, Liebe und Sterben, kurzum, von Erfahrungen, die ebenso zum Leben von Kindern und Jugendlichen wie dem der Erwachsenen, also von uns allen, gehören.

Bei der Erprobung der vorliegenden Texte lag uns viel daran, zu zeigen und zu erfahren, wie Aziz Nesin sich den Herausforderungen seiner Zeit und Umwelt stellte, warum und wie er sich mit dem, was für ihn und seine Mitmenschen im Leben wichtig war, auseinander setzte und wie er uns mit seiner dichterischen Phantasie und Sprache in sein Denken und seine Schaffensprozesse einbezog.

Die Texte sind nicht nach der Zeit ihrer Entstehung angeordnet, sondern nach inhaltlichen Gesichtspunkten.

Die Arbeitshinweise und die Erschließungsfragen sind in derselben Reihenfolge angeordnet wie die Gedichte und Geschichten.

Die Hinweise sollen zum besseren Verständnis der inhaltlichen, formalen, strukturellen und sprachlichen Eigenheiten dienen und bei einer vertieften Interpretation der Texte behilflich sein.

Die Fragen sollen das Verständnis der inhaltlichen Aussagen der Texte überprüfen, zu Diskussionen über die Texte und darüber hinaus zur Reflexion über die eigene Welt der Lesenden anregen.

2009 begannen wir mit der Übersetzung unserer Sammlung von Geschichten und Gedichten Aziz Nesins aus dem Türkischen ins Deutsche und Englische.

Mitte 2012 überprüften wir unsere Konzeption zum ersten Mal in einer 9. Gymnasialklasse einer Bremer Oberschule. Im Rahmen eines mehrsprachigen Projektes zum Thema „Lyrik" erarbeiteten und diskutierten die Schülerinnen und Schüler sehr engagiert Möglichkeiten der Interpretation, Übersetzung und Verwendung der ausgesuchten Texte Aziz Nesins im Fachunterricht Deutsch, Englisch und Türkisch und trugen mehrere Gedichte auf Türkisch und in unseren deutschen und englischen Übersetzungen vor.

Ende 2012 fand in einer anderen Oberschule Bremens für die Klassen des 7. Jahrgangs ein Projekt zum Thema „Mehrsprachigkeit" statt. Eine Gruppe von vier Jungen und fünf Mädchen, alle mit Migrationsgeschichte und verschiedenen Muttersprachen, entschieden sich für das Angebot „Aziz Nesin in der Schule". Sie bereiteten gemeinsam mit großem Interesse Bilder und Texte über Aziz Nesins Leben und Werk, seine Stiftung *Kinderparadies* und die Darbietung ausgesuchter Geschichten und Gedichte vor. Am Abschlusstag des Projektes stellte die Gruppe der Schulgemeinschaft auf Stelltafeln ihre Bilder und Texte vor. In einer selbst gestalteten kleinen Szene setzten die Jungen die Geschichte *Die Leinentasche* spielerisch um. Die Mädchen trugen nach eigener Wahl mehrere Gedichte auf Deutsch, Englisch und/oder Türkisch vor.

Die Gruppe äußerte sich natürlich auch zum Projekt. Die Schülerinnen und Schüler betonten, wie sehr ihnen Aziz Nesin, seine Gedichte und Geschichten gefallen hatten und wie aktuell die Themen immer noch sind. Sie fanden das Angebot dieses Projektes gut und schlugen vor, es bei anderen mehrsprachigen Projekten wieder anzubieten.

Wir reagierten mit unserem Buch auch auf gesellschaftliche Veränderungen während der letzten 50 Jahre. Deutschland ist inzwischen ein wichtiges Einwanderungsland geworden. Hier leben mehr als 16 Millionen Menschen mit Migrationsgeschichte; etwa drei Millionen von ihnen haben Wurzeln in der Türkei.

Diese dreisprachige Ausgabe soll dazu beitragen, unsere Leserinnen und Leser neugierig darauf zu machen, andere literarische Werke Aziz Nesins kennen zu lernen und sich mit dem Lebenswerk dieses großen Dichters zu beschäftigen. Er widmete all seine Kraft und sein gesamtes Schaffen seinem vielgestaltigen schriftstellerischen Werk, einer zeitgemäßen Erziehung von Kindern und Jugendlichen im *Kinderparadies* seiner *Nesin Stiftung* und der Entwicklung gerechter, demokratischer und vor allen Dingen friedlicher Gesellschaftsordnungen in der Welt.

Wir waren uns bei unserer langen Arbeit der Verantwortung gegenüber Aziz Nesin und seinem Lebenswerk stets bewusst und hoffen, ihm und unseren Leserinnen und Lesern mit unserem Buch gerecht geworden zu sein.

Wir hoffen, dass auch Sie, liebe Leserinnen und Leser, ähnlich wie unsere Schülerinnen und Schüler, von Aziz Nesins Geschichten und Gedichten berührt werden und wünschen Ihnen viel Freude und Bereicherung bei der Begegnung mit Aziz Nesin!

Preface

Dear readers!

You are holding in your hands our trilingual book **Çocuklarıma / An meine Kinder / To my children**. It is one of the few of its kind on the market and in its first part contains five autobiographical stories and thirteen poems by Aziz Nesin and a general introduction to these texts, all in Turkish, German and English.

The second part offers for each of Aziz Nesin's eighteen texts in Turkish, German and English explanatory annotations and guiding questions to all interested readers, especially to teachers and learners, Aziz Nesin's life story and a summary of his educational principles.

In the course of preparing the edition of our book on the one hand encounters with Aziz Nesin, our personal participation and our intensive experience in everyday life at *Children's Paradise* near Çatalca played a big role.

On the other hand the well-known Turkish proverb "One language - one person, two languages - two persons" motivated us to publish this book. We added a third line "three languages - three persons", hoping to reach an even wider reading public with our trilingual version.

The poems and stories in this collection represent short, self-contained and formally complete units with quite appealing subjects. The texts speak to the readers in simple and easily accessible language. Therefore they are also directly understandable and appreciable for those who are not so well-versed in dealing with literary texts.

The selection of texts was decisively influenced by how they deal with the manifold realities of human existence like childhood and growing-up, friendship and enmity, society and environment, poverty and abundance, joy and sorrow, war and peace, love and death, in a word, life experience that belongs to us all, children, youths and adults alike.

During the verification process of the texts we were keen on imparting and learning how Aziz Nesin reacted to the challenges of his age and surroundings, why and how he attempted to come to terms with those aspects of life which were important to him and his fellow men and how by means of his poetical imagination and language he made us part of his way of thinking and his creative processes.

The texts are not arranged in chronological order but after criteria of their contents.

The annotations and questions are arranged in the same order as the poems and the stories.

The annotations are intended to provide background information, to widen the understanding of formal, structural and linguistic features and to help interpreting the texts in more detail.

The questions are meant to check the understanding of the contents of the texts, to initiate debate on them and to further our reflection on the world we live in.

In 2009 we began translating the texts from the Turkish language into German and English. Half way through the year 2012 we tested our concept for the first time in the 9th form of a Bremen secondary school (Oberschule). Within the framework of a multilingual project "Lyrics in the classroom" the pupils very readily debated and suggested different ways of interpreting, translating and using Aziz Nesin's texts in the teaching subjects German, English and Turkish. They also presented some of Aziz Nesin's poems in Turkish and in our German and English translations.

At the end of 2012 the 7th-formers of another Bremen secondary school (Oberschule) realized a project on "Multilinguality". A group of four boys and five girls, all with different mother tongues and migratory background, opted for the project "Aziz Nesin at School".

Very dedicatedly they drew pictures and wrote texts about Aziz Nesin's life, achievements and his foundation *Children's Paradise* and prepared the presentation of a number of selected stories and poems. On the end-of-project-day the group presented their pictures and texts on display boards to the school community. The boys performed the story *The linen bag* in a sketch that they themselves had worked out. The girls presented in German, English and/or Turkish various poems which they themselves had chosen.

Of course the group gave their opinion on the project. The pupils emphasized how much Aziz Nesin, his poems and his stories had appealed to them and how relevant they still are today. They welcomed this project and proposed to make it part of yet another multilingual project.

We reacted with our book to social changes during the past 50 years. Germany has become an important country for immigrants. Meanwhile, more than 16 million people with immigration history live in Germany. About three million of them have their roots in Turkey.

This trilingual edition also aims at rousing our readers' curiosity to have a closer look at Aziz Nesin's literary works and to acquaint themselves in more detail with the great poet's life achievements. He dedicated all his creativity and activities to his rich literary production, to a contemporary education of children and young people at *Children's Paradise* within his *Nesin Foundation* and to the development of just, democratic and, foremost, peaceful human societies all over this globe.

During the long time it took us to compose our book we were conscious of our responsibility to Aziz Nesin and his lifelong achievements and hope to have done justice to him and to our readers.

We hope that you, dear readers, like our boys and girls at the two schools, are also moved by Aziz Nesin's stories and poems and will enjoy and feel enriched by meeting Aziz Nesin!

Giriş

Almanya, uzun yıllardan beri önemli bir göç ülkesi olmuştur. Göçün getirdiği bu toplumsal ve politik değişim, okullarda da kendini gösteriyor. Çeşitlilik kaynaklı değişimleri yansıtan okullar, bu duruma birçok şey yanında, kültürlerarası / transkültürel (kültürler etkileşimi) konuları da ders programlarına alarak yanıt vermeye çalışıyorlar.

Göçmen çocuk ve gençlerin çoğu, Almanca yanında, aile dillerini de öğrenip geliştiriyor ve kökenleriyle olan ilişkilerini devam ettiriyorlar. Göçmenlerin aile ve arkadaş çevrelerinde kullandıkları anadilleri, yaşadıkları ülke için, özellikle de göçmenler için bir kazançtır. Bu diller, göçmenlerin kişilik geliştirmesine katkıda bulunup, bu çok çabuk değişen ve gittikçe çok yönlülük kazanan dünyada, değerli bir mesleki uzmanlık artışı ve kişisel nitelik kazanımıdır.

Aziz Nesin, 1. Dünya Savaşı ve 1922'de Kurtuluş Savaşı'ndan sonra 1923'te kurulan Türkiye Cumhuriyeti'nin getirdiği köklü toplumsal reformları bizzat yaşamıştır.

1928'de, Türkiye bilinçli bir kararla Arap harfleriyle yazılan Osmanlıcayı kaldırıp, yerine sistemli olarak Latin alfabesiyle yazılan Türkçeyi getirmiştir.

Arapça yazı ve edebiyatına, Osmanlılar zamanında, sadece okumuş ve zengin üst tabaka tarafından ulaşılabiliyordu. Türkiye'deki geniş halk kitlesi cahildi, ne okuma yazma biliyor, ne de başka bir şekilde edebi eserlere ulaşabiliyordu.

Türkiye Cumhuriyeti hükümeti, o zamanlar büyük bir hamleyle, yeni yazıyı (alfabeyi) milli okuma yazma kampanyasıyla öğretmek suretiyle, halkın Batı kültürüne ulaşmasına yol açmıştır. Aynı zamanda bütün Türkiye halkına okuma yazma yoluyla kendini geliştirme ve Avrupa'dan etkilenen edebi, bilimsel, ekonomik ve teknik, özellikle de politik alanlara katılma olanağını sağlamıştır. Ülkenin her yerinde okullar inşa edilmiş, kız ve erkek öğrencilere ilköğretim zorunlu kılınmış, yeni yazı bütün halka öğretilmeye başlanmıştır. 1934'te, Türkiye Büyük Millet Meclisi'nce, *Atatürk* (Türklerin babası) soyadı verilen Cumhurbaşkanı Mustafa Kemal, bizzat oranın insanlarına yazı ve eğitim reformunu açıklamak ve onları, genç cumhuriyetin inşası için kazanmak amacıyla köylere gidiyordu.

Aziz Nesin, Nazım Hikmet, Yaşar Kemal ve Fakir Baykurt gibi yazar ve şairler grubuna dahil olup, herbiri baştan itibaren Türk halkının gerçek dilini yeniden keşfetmek ve yaşatmak için dil reformunu bizzat yaşamış ve reformun gerçekleşmesi için çalışmışlardır. Onlar, "yeni" dilde yazdıkları eserleriyle, Türk tarihinde ilk kez halkın büyük bir kesimine ulaşabilmişlerdir.

Kitabımızdaki metinler Aziz Nesin'in (1915 – 1995) eserlerinden alınmıştır. Bugün de o, Türkiye'nin çok okunan yazarlarından biridir. Özellikle de gülmeceleri eskiden olduğu gibi, şimdi de halen çok sevilmektedir. Şimdiye dek 140 kadar eseri yayımlanmış, kitapların 20'den fazlası Almanca'ya olmak üzere, 40'tan fazla dile çevrilmiştir. Aziz Nesin'in şiirlerinin 360 kadarı, *Bütün Şiirleri 1/2* kitaplarında yayımlanmıştır. Bu kaynaktan ve *Arkadaşım Badem Ağacı* adlı şiir kitabından seçilmiş on üç şiiri ve yazarın iki ciltlik otobiyografik eseri *Böyle Gelmiş Böyle Gitmez*'den alınmış olan beş öykü, elinizdeki kitapta bulunmaktadır.

Türkçe gramerinde erkek-kadın farkı yoktur. Şiir çevirilerinde, isim, sıfat ve zarflarda yalnızca erkek şekline yer verdik. Diğer metinlerde, gramerde cinsiyet eşitliği konusunda mümkün olduğunca duyarlı olmaya çalıştık.

Türkçe şiir ve öyküleri, Aziz Nesin'in yazdığı şekilde aynen, hiçbir değişiklik ya da düzeltme yapmadan kitabımıza aldık.

Türkçe orijinal kaynaklarda ve bu eser için seçilmiş şiirlerde noktalama işaretleri bulunmuyor. Büyük bir ihtimalle, Aziz Nesin, bunu bilinçli olarak yapmıştır. Başlangıçta, noktalama işaretlerine alışmış okurlar için yadırgayıcı olsa da onların olmamasını gözardı etmek en iyisidir.

Orijinal metinler ve çevirileri, yorum, karşılaştırmalı dil çalışması ve bu üç dilin daha derinden anlaşılması bakımından çok ilginç ve çok yönlü olanaklar sağlıyor. Örneğin çalışmalarda şu tür sorular akla gelebilir:

- Türkçe, İngilizce ve Almanca dillerinde sözcük seçimi, cümle içindeki yeri ve cümle yapısında ne gibi farklar vardır ve bu nedenle metnin yapısı, hattâ söylemi nasıl değişebilir?

- Çeviri yaparken, örneğin, deyimler harfi harfine mi çevrilmiş?
- Yazarın anlatmak istediğinin "yalnızca" içerik bakımından uygunluğuna mı dikkat etmek gerekir?
- Şair, kendisi, metinlerinin nasıl anlaşılması ve yorumu konusunda ipuçları veriyor mu?
- Çevirmenin çeşitli anlamları olan sözcüklerin dil ve içerik bakımından öncelikli seçimi, hangi nedene dayanabilir ve yazarın anlatmak istediği konuya ve metnin şekline nasıl bir etkisi olabilir?...vb.

Kitabımız, çocuk ve gençlere, alışılagelmişin dışında yeni bir ders sunumu getiriyor; Aziz Nesin'in şiir ve öyküleriyle, aynı anda üç dilde birden, yani Türkçe, Almanca ve İngilizce olarak karşılaşmaları ve onları birbirleriyle karşılaştırmaları olanağını sağlıyor.

Metinler, on yaş sonrası öğrenci grubuna düşünsel ve duygusal olarak hitabediyor. Bir özelliği de, metinlerin net bir dil, yapı ve resimler içermesidir. Metinlerdeki sorular ve düşünmeye davet edici sözler, ilgi uyandırıp, görünüşte yeteri kadar biliniyormuş gibi görünen konular ve aralarındaki ilişkiler üzerinde düşünmeye ve bakış açısını değiştirmeye teşvik ediyor. Metinler, çocuk ve gençlerin şimdiye kadarki deneyimlerini aşarak, bakış açılarını bilinmeyen gerçeklere yöneltmeye çalışıyor. Konuların içerik güzelliği ve dillerinin gücü, bu metinleri ezberlemeye hattâ kendi metinlerini yazmaya götürecek kadar etkili olabilir.

Kitabımız, orijinal dilde ilkin, bugüne kadar Alman okullarında halen en büyük grup oluşturan Türkiye kökenli öğrencilere hitabediyor. Bu yönüyle kitap, çocuk ve gençlerin miras olarak sahip oldukları dil ve kültürlerine önemli bir yer veriyor ve onların özdeğerlerini yükseltmeye ve Türkçenin Avrupa'nın birçok ülkesinde önemli bir dil olduğunun kavranmasına katkıda bulunuyor.

Metinlerin İngilizce ve Almanca'ya çevirileri, kitabımızı okuyan ve Türkçe bilmeyen okurlarımıza bu dilin zenginliğini ve Aziz Nesin'in düşüncelerini tanıtmayı amaçlamaktadır.

(*) İşaretiyle bazı yerlerde aşağıdaki açıklamaya bakmanız öneriliyor:

Türkiye'de kaderci insanlar, şartların değiştirilemeyeceğini "Böyle gelmiş böyle gider" atasözüyle ifade ederler. Aziz Nesin, hiç bir zaman insanların bu kaderciliğini kabullenmemiş, aksine insanları, kendi kaderlerini kendi ellerine almaları, düşünme ve ifade özgürlüklerini kısıtlatmamaları ve politik ve toplumsal yaşamda aktif rol almaları konusunda cesaretlendirmiştir. O, her zaman, insanların kendi çabalarıyla daha iyi, yardımsever, barışçıl bir toplum yaratabileceklerinden emindi. Bu yüzden onun baş prensibi, *Böyle gelmiş ama böyle gitmez* olmuştur.

Aziz Nesin'in otobiyografisinden alınan *Çiçek, Bez çanta, Böyle gelmiş böyle gitmez, Niçin yazdım* ve *Söyleşi* öyküleri, okurlarını, onun çocukluk ve gençlik yıllarına götürüyor. Okuyucu, onun genç bir insanken dahi, dünyayı ne kadar dikkatli ve hassasiyetle gözleyerek nasıl tepki gösterdiğini anlayabiliyor. Bu metinler, onun ne kadar bilinçli ve net bir politik duruş sergilediğini ve toplumsal sorumluluk üstlendiğini, ayrıca Osmanlı İmparatorluğu'nun yıkılışından sonra yeni kurulan Türkiye Cumhuriyeti'nde bir sendikacı, gazeteci, yazar ve şair olarak görevlerinin neler olduğunu gösteriyor.

Yazıldığından onlarca yıl sonra bile bu metinler, güncelliğini korumakta, birçok yönüyle, halen yazıldığı günlerdeki gibi dikkate değer nitelik taşımakta ve tartışma konusu olmayı hak etmektedir.

Aziz Nesin, *Çocuklarıma, Son istek, Babam, En anlamadığım* ve *Annemin anısına* olarak beş şiirinde neredeyse otobiyografik bir şekilde okurlarına sesleniyor. Özellikle de çocuklar ve gençler, kendilerine doğrudan hitabedilmiş gibi hissedebiliyorlar.

Şu dört şiiri, *Biri inat biri sabır, Uzun yolculuk, Anlamadığım ne çok şey var, Hayvanlardan alınacak ders*, dünyaya ve çevremize yönelttikleri yoğunlaşmış bakış açılarıyla, görünüşte bildiğimizin ardında daha geniş gerçekleri görebilmek için düşündürücü bir rol oynuyor.

Türk-Yunan barışı şiiri, her yaştan okuyucuyu bu iki komşu ülke arasındaki ilişkileri yeniden irdeleyip, gerekirse eski görüşlerini yenileme çağrısını yapıyor. Aziz Nesin 1922/23 yıllarında gerçekleşen, her iki taraf için de acı dolu "mübadele" denilen karşılıklı zorunlu göç deneyimlerini açıkça konuşamama tabusunu yıkmıştır. O, *Biri inat biri sabır* şiirinin son mısrasında da yazdığı gibi, ... *tabuları devir*'iyor.

Türk-Yunan barışı ve şu üç şiiri *Bu dünyanın sahibi olmak, Şarkılar* ve *Böyle bir dünya,* somut sahneleri ve resimsel dilleriyle özellik kazanıyor. Bu şiirler, diğer şiirlerden belki de daha fazla, okurlardan dünya üzerine düşünmede, Aziz Nesin'in bahsettiği varoluş ve davranışın özel boyutlarını görebilmek için yeni görüş ve konulara yaklaşma yöntemleri geliştirmelerini istiyorlar.

Aziz Nesin, şiirleri ve öyküleriyle çocuk ve yetişkinlere hitaben dünyaya eleştirel ve sorgulayıcı bir gözle bakarak yaşama aktif katılımlarını teşvik etmiştir.

Değerli okurlar, biz de sizleri, Aziz Nesin'in o zamanki okurlarından ve vakıf çocuklarından beklediği gibi, eserlerini severek okumaya ve onlarla eleştirel bir çalışmaya ve onun ve kendinizin, insanları ve dünyayı görüşünüzü sorgulamaya davet ediyoruz.

Bu anlamda sizlere, güzel ve inandırıcı metinlerle donatılmış bu kitabı okurken ve üzerinde çalışırken eğlenceli ve düşündürücü bir zaman diliyoruz!

Einführung

Deutschland ist seit vielen Jahren ein wichtiges Einwanderungsland. Diese veränderte gesellschaftliche und politische Wirklichkeit zeigt sich auch in den Schulen. Sie spiegeln die vielfältigen Veränderungen wider und reagieren im Unterricht daher auf diese Situation unter anderem mit der Bereitstellung von interkulturellen / transkulturellen Angeboten.

Viele der eingewanderten Kinder und Jugendlichen beherrschen und pflegen neben der deutschen Sprache auch weiterhin ihre Familiensprache und erhalten die Bindungen zu ihrer Herkunftskultur. Die von den Migrantinnen und Migranten in den Familien- und Bekanntenkreisen weiter benutzten Heimatsprachen sind für die Aufnahmegesellschaft und besonders für die Eingewanderten ein Gewinn. Sie tragen wesentlich zur Bildung ihrer Identität in Deutschland bei und stellen für sie eine wertvolle zusätzliche Qualifikation und persönliche Kompetenzerweiterung in der mobilen und immer vielfältiger werdenden Welt dar.

Aziz Nesin erlebte nach dem 1. Weltkrieg und dem Befreiungskrieg 1922 die Umwälzungen, welche die radikalen Gesellschaftsreformen der 1923 gegründeten Türkischen Republik verursachten.

So trennte sich die Türkei 1928 mit einem bewussten Bruch völlig von dem auf Arabisch geschriebenen Osmanisch und führte systematisch die Schreibung der türkischen Sprache auf der Grundlage des lateinischen Alphabets ein.

Arabische Schrift und Literatur und literarische Werke aus dem Raum der europäischen Kultur hatten in osmanischer Zeit nur einer sehr kleinen Schicht des gebildeten und wohlhabenden Bürgertums zur Verfügung gestanden. Die große Masse der Menschen in der Türkei hingegen war ungebildet, konnte weder lesen noch schreiben und hatte keinen Zugang zur Literatur.

Mit einem ungeheuren Kraftakt begann die Regierung der Türkischen Republik, ihrem Volk mittels der neuen Schrift und einer nationalen Alphabetisierungskampagne den Zugang zur westlichen Kultur zu erschließen. Zugleich eröffnete sie der gesamten türkischen Bevölkerung die Möglichkeit, sich selbst durch Lesen und Schreiben weiterzubilden und an der von Europa geprägten literarischen, wissenschaftichen und technischen, insbesondere aber auch an der politischen Entwicklung teilzuhaben. Überall im Lande wurden Schulen gebaut, wurde die neue Schrift unterrichtet und die allgemeine Grundschulbesuchspflicht für Jungen und Mädchen eingeführt. Staatspräsident Mustafa Kemal, dem die Große Türkische Nationalversammlung 1934 den ehrenvollen Nachnamen *Atatürk* (Vater der Türken) verlieh, ging damals selbst auf die Dörfer, um der Bevölkerung dort die Schrift- und Bildungsreform nahe zu bringen und sie für den Aufbau der jungen Türkischen Republik zu gewinnen.

Aziz Nesin gehörte, wie auch beispielsweise Nazım Hikmet, Yaşar Kemal und Fakir Baykurt, zu den Schriftstellern und Dichtern, die von Anfang an die Sprachreform und die Wiederentdeckung, ja, die Wiederbelebung der Volkssprache, der eigentlichen Sprache des türkischen Volkes, miterlebten und an ihr mitwirkten. Sie selber konnten mit ihren Werken in dieser „neuen" Sprache zum ersten Mal in der türkischen Geschichte die breiten Massen des Volkes erreichen.

Die Texte unseres Buches stammen von Aziz Nesin (1915 - 1995). Auch heute noch ist er ein vielgelesener Schriftsteller der Türkei. Insbesondere seine Satiren waren und sind immer noch beim Volk sehr beliebt. Bisher sind etwa 140 seiner Werke veröffentlicht worden. Seine Bücher wurden in mehr als 40 Sprachen übersetzt; über 20 seiner Werke liegen auf Deutsch vor.

Von Aziz Nesins Gedichten sind etwa 360 in der Sammlung *Bütün Şiirleri 1/2 - Alle Gedichte 1/2* veröffentlicht worden. Aus dieser Quelle und dem Gedichtband *Arkadaşım Badem Ağacı - Mein Freund Der Mandelbaum* stammen die im Buch zusammengestellten dreizehn Gedichte.

Die fünf Geschichten sind dem 1. Teil der zweibändigen Autobiografie *Böyle Gelmiş Böyle Gitmez - So War Das Zwar, Aber So Geht Das Nicht Mehr Weiter* entnommen.

Im Türkischen wird grammatisch nicht zwischen den Geschlechtern unterschieden. Bei den Übersetzungen wird nur die männliche Form der Nomen, Pronomen und Adjektive verwendet. In allen anderen Texten wird so weit wie möglich gendersensible Sprache benutzt.

Wir haben die türkischen Gedichte und Geschichten ohne jede Veränderung oder Berichtigung genauso in unser Buch übernommen, wie Aziz Nesin sie geschrieben hat.

Die Gedichte haben keine Satzeichen in den Quellen der türkischen Fassung, die der hier vorliegenden Auswahl zu Grunde liegen. Dies ist sehr wahrscheinlich von Aziz Nesin so gewollt. Zu Anfang ist das Fehlen der Interpunktion ein wenig befremdlich für die Lesenden, die an Satzzeichen gewöhnt sind. Sie sollten sich aber dadurch nicht irritieren lassen.

Die Beschäftigung mit den originalen und den übersetzten Fassungen der Texte eröffnet fruchtbare und interessante Möglichkeiten für Textdeutung, vergleichende Spracharbeit und tiefer gehendes Verständnis für die drei Sprachen, in denen die Texte präsentiert werden. Zu denken ist etwa daran,

- wie sich Wortwahl, Wortstellung und Satzbau im Türkischen, Englischen und Deutschen unterscheiden und auswirken auf die Struktur und sogar die Aussage des Textes,
- ob beim Übersetzen beispielsweise Idiome weitgehend wortwörtlich wiedergegeben werden,
- ob die Übertragung unter Hintanstellung idiomatischer Genauigkeit „nur" inhaltlich angemessen das zum Ausdruck bringen soll, was der Dichter in seinem Text aussagen will,
- ob der Dichter selbst Hinweise darauf gibt, wie seine Texte verstanden und interpretiert werden sollen,
- wie sich sprachliche und inhaltliche Präferenzen der Übersetzenden begründen lassen bezüglich mehrfacher Bedeutung von Wörtern und wie sie sich auswirken auf die Aussageabsicht des Autors und damit auf den Text selbst u.a.m.

Unser Buch macht Kindern und Jugendlichen in der Schule ein neuartiges Unterrichtsangebot, da sie gleichzeitig Gedichte und Geschichten Aziz Nesins in der Originalsprache Türkisch und den deutschen und englischen Übersetzungen kennenlernen und vergleichen können.

Die Texte sprechen diese Zielgruppe (ab etwa zehn Jahren) rational und emotional an. Sie zeichnen sich aus durch ihre klare Sprache und durch ihre Strukturen und Bilder. Die in den Texten enthaltenen Fragen und Aufforderungen erwecken Interesse, regen zu veränderten Sichtweisen und zum Nachdenken über scheinbar hinreichend bekannte Sachverhalte und Sinnzusammenhänge an. Die Texte können über den bisherigen Erfahrungshorizont der Kinder und Jugendlichen hinausgehen und ihnen den Blick für andere und bisher unbekannte Wirklichkeiten öffnen. Die inhaltliche Schönheit und die Kraft ihrer Sprache mögen sogar dazu führen, die Texte auswendig zu lernen und zum Schreiben eigener Texte anzuregen.

Unser Buch wendet sich in der Originalsprache in erster Linie an Schülerinnen und Schüler mit Wurzeln in der Türkei, die auch heute noch an den Schulen Deutschlands fast überall den größten Teil der Kinder und Jugendlichen aus zugewanderten Familien stellen. Es gibt damit der ererbten Sprache und Kultur der Kinder und Jugendlichen einen besonderen Platz und soll ihr Selbstwertgefühl stärken und dazu beitragen, dass Türkisch als eine in vielen Ländern Europas wichtige Sprache begriffen wird.

Die Übersetzungen der Texte ins Englische und Deutsche ermöglichen es auch den Leserinnen und Lesern unseres Buches, die nicht Türkisch sprechen, an dem Reichtum und der Schönheit der Sprache und der Gedanken Aziz Nesins teilhaben zu können.

Mit dem Zeichen (*) wird auf folgende Erklärung aufmerksam gemacht:

In der Türkei berufen sich schicksalsergebene Leute, die meinen, man könne an den Gegebenheiten nichts ändern, oft auf das Sprichwort „Das war schon immer so und so geht das auch weiter." Aziz Nesin war niemals mit dieser von vielen Menschen gezeigten Einstellung einverstanden. Vielmehr ermutigte er die Menschen, ihr Leben in die eigenen Hände zu nehmen, sich Denken und Sprechen nicht verbieten zu lassen und sich politisch und gesellschaftlich zu engagieren. Er war immer überzeugt davon, dass durch eigene Anstrengungen eine menschenfreundlichere, friedfertigere Gesellschaft geschaffen werden könnte. Sein Leitspruch war daher: *So war das zwar, aber so geht das nicht mehr weiter!*

Die Geschichten *Die Blume, Die Leinentasche, Gespräch, So war das zwar, aber so geht das nicht mehr weiter* und *Was mich zum Schreiben brachte* aus Aziz Nesins Autobiografie führen den Leser zurück in seine Kindheits- und Jugendjahre. Sie lassen klar erkennen, wie aufmerksam und sensibel er als junger Mensch schon seine Welt beobachtete und auf sie reagierte. Sie zeigen auch, wie bewusst und deutlich er seinen politischen Standpunkt und sein gesellschaftliches Verantwortungsgefühl entwickelte und worin er nach dem Zusammenbruch des Osmanischen Reichs in der gerade gegründeten Türkischen Republik seine Aufgabe als Gewerkschafter, Journalist, Schriftsteller und Dichter sah.

Auch Jahrzehnte nach ihrer Niederschrift sind viele Aspekte seiner Texte noch genau so bedenkenswert und diskussionswürdig wie zur Zeit ihrer Entstehung.

In den fünf Gedichten *Für meine Kinder, Letzter Wille, Mein Vater, Das Unbegreiflichste* und *Zum Gedenken an meine Mutter* wendet sich Aziz Nesin in fast autobiografischer Form an seine Adressaten. Insbesondere Kinder und Jugendliche werden sich von ihm direkt angesprochen fühlen.

Die vier Gedichte *Beharrlichkeit und Geduld, Die lange Reise, So vieles verstehe ich nicht* und *Was wir von Tieren lernen können* verlangen mit ihrem genauen Blick auf die Welt unmittelbar um uns herum unser aller Nachdenklichkeit, um hinter dem scheinbar Wohlvertrauten andere, umfassendere Wirklichkeiten erkennen zu können.

Das Gedicht *Friede zwischen Türken und Griechen* fordert die Lesenden, seien es Erwachsene oder Kinder und Jugendliche, klar und eindeutig auf, ihr Bild über die Beziehungen zwischen den beiden Nachbarvölkern zu überdenken und, falls nötig, zu revidieren. Aziz Nesin bricht in diesem Text mit dem Tabu, über die für beide Seiten schmerzvollen Erfahrungen des sogenannten Bevölkerungsaustausches der Jahre 1922/23 nicht offen zu sprechen. Er tut damit das, wozu er auch in der letzten Zeile seines Gedichtes *Beharrlichkeit und Geduld* auffordert: Er *stürzt die Tabus.*

Friede zwischen Türken und Griechen und die drei Gedichte *Eigentümer dieser Welt sein, Lieder* und *Solch eine Welt* zeichnen sich durch die Anschaulichkeit der Situationen und die Bildhaftigkeit der Sprache aus. Mehr noch vielleicht als die übrigen Gedichte verlangen sie von den Lesenden neue Herangehens- und Sichtweisen im Nachdenken über die Welt, um jene spezifischen Dimensionen des Daseins und Handelns in den Blick zu bekommen, von denen Aziz Nesin spricht.

Aziz Nesin gab Kindern und Erwachsenen mit seinen Gedichten und Geschichten Anstöße, die Welt kritisch zu beobachten und zu hinterfragen und am Leben aktiv teilzunehmen.

Auch wir laden Sie ein, liebe Leserinnen und Leser, wie Aziz Nesin es von seiner damaligen Leserschaft und von seinen Stiftungskindern erwartete, sich an seinen Werken zu erfreuen, aber sich auch kritisch damit auseinander zu setzen und sein und Ihr eigenes Bild von den Menschen und der Welt zu hinterfragen.

In diesem Sinne wünschen wir Ihnen allen bei der Lektüre und der Erarbeitung der schönen und überzeugenden Texte Aziz Nesins in unserem Buch viel Freude und Nachdenklichkeit!

Introduction

Since many years Germany is an important immigration country. This social and political reality has its impact on schools, too. They reflect the manifold changes taking place and therefore among other things react to them by incorporating intercultural/transcultural material in their curricula.

Quite a sizable number of immigrant children and youngsters next to German still speak the language of their family and keep up cultural ties with their origin.

The immigrants' use and preservation of their traditional family or homeland tongues are a great enrichment both for our country as well as for the immigrants. They help develop their identity in Germany and also serve for them as an additional valuable qualification and a personal broadening of their capabilities in today's world, so much defined by growing mobility and diversification.

After the First World War and the 1922 War of Independence, Aziz Nesin lived to see the far-reaching changes initiated by the radical social reforms of the Turkish Republic, founded in 1923.

In 1928 Turkey quite purposefully discontinued the use of the Ottoman language written in Arabic characters and systematically replaced Arabic spelling by writing the Turkish language on the basis of the Latin alphabet.

In Ottoman times Arabic writing and literary tradition and literature of European origin had only been available to a very small portion of the educated and well-off Turkish bourgeoisie. The vast majority of the people in Turkey had no education at all, could neither read nor write and had no access to literature.

In an enormous tour de force the Turkish government began to open up an access to European culture and science by means of a nationwide literacy campaign and Turkey's new script. At the same time it gave the whole Turkish population the opportunity to educate itself by reading and writing and to take part in Western-style scientific, cultural, technological and, above all, political development.

Everywhere in the country new schools were built, primary school attendance was made compulsory for boys and girls and the new way of writing was taught.

At that time President Mustafa Kemal, who in 1934 was awarded the honorary surname *Atatürk* (Father of the Turks) by the Great Turkish National Assembly, himself went out into the countryside to acquaint the local population with the new way of writing and with the reforms in education and to win people over to help establishing the young Turkish Republic.

Aziz Nesin, like Nazım Hikmet, Yaşar Kemal and Fakir Baykurt, was one of the writers and poets who from the very beginning witnessed the language reform and who took part in the rediscovery, rather the revival of the vernacular, true voice of the Turkish people. With their books written in the "new" language for the first time in Turkish history they were able to reach the masses of the Turkish people.

The texts in our book are by Aziz Nesin (1915 -1995). He still is a widely read writer in Turkey. Especially his satires were and still are very popular. Until now about 140 of his works have been published. His books have been translated into more than 40 languages; more than 20 of his works are available in German.

About 360 of Aziz Nesin's poems have been published in the collection *Bütün Şiirler 1/2 - All Poems 1/2*. In our book you will find the thirteen poems taken from that source and from the collection of poems in *Arkadaşım Badem Ağacı - My Friend The Almond Tree*.

The five stories have been taken from the first part of the two-volume autobiographic book *Böyle Gelmiş Böyle Gitmez - That Is The Way It Used To Be But It Will Not Go On Like That*.

In the Turkish language there is no gender classification of nouns, pronouns and adjectives. In the translations of the poems only their masculine form is used.

All the other texts as far as possible are gender-sensitive.

In our book the Turkish poems and stories are quoted without any alteration or correction exactly the way Aziz Nesin wrote them.

The poems in the selection at hand, very likely in accordance with Aziz Nesin's intentions, do not have any punctuation in the Turkish version. In the beginning this may seem a bit strange to the reader who is used to punctuation. One should, however, not feel irritated by the missing punctuation.

Working on the original and translated versions of the texts presents interesting and promising possibilities for text interpretation, comparative linguistic and stylistic studies and deeper understanding of the three languages in which the texts are presented here. One may ponder (on)

- how much the choice of words, word order and syntax differ in Turkish, English and German and how they influence the structure and even the message of texts,
- which guidelines should be followed while translating, i. e. whether idioms as far as possible should be rendered by a word-for-word translation or whether translations should "only" express the author's ideas, irrespective of idiomatic fidelity,
- whether the author indicates how his/her texts are to be understood and interpreted,
- to what degree the translator - according to his/her personal preferences - may decide about the meaning and connotations of words,
- how the translator's preferences concerning language and contents of texts can be justified and may have a bearing on the author's intentions and therefore on the texts themselves, etc.

At school our book offers children and youngsters a new field of studies. Simultaneously they can get to know and compare poems and stories by Aziz Nesin in Turkish, German and English.

The selected texts appear to be particularly suited for young people (from ten years onwards). They appeal to them rationally and emotionally and distinguish themselves by their clear language and by their structure and imagery.

The questions and challenges contained in the texts generate interest, stimulate various ways of understanding and encourage renewed reflection on seemingly well-known facts and circumstances. The texts may go beyond the actual store of experience of children and young people and may open their eyes for different, wider and until now unknown realities. The beauty of their language and the power of their contents even may encourage children and young people to learn the texts by heart and make them write their own texts.

In their original language the texts of our book in the first place are directed at learners with roots in Turkey. At practically all schools in Germany they still represent the largest proportion of children and young people of immigrant families.

Our book offers a special place to the young people's inherited language and culture and is intended to strengthen their self-esteem and to make Turkish recognized as an important language in many European countries.

The translations into English and German are aimed at opening up an access to the rich and beautiful world of Aziz Nesin's way of speaking and thinking for readers who do not speak Turkish.

In some places the sign (*) calls the readers' attention to the following explanation:

In Turkey quite a few fatalistic people who think existing circumstances cannot be changed refer to the proverb "That is the way it used to be and that is how it will go on." Aziz Nesin opposed this attitude so often shown by so many people. He rather wanted to encourage people to take their lives into their own hands, not to forego their right of free thought and speech, and to engage themselves in society and politics. He was convinced that by one's own efforts a friendlier and more peaceful human society could be created. Therefore his guiding principle was: *That is the way it used to be, but it will not go on like that!*

The autobiographical stories *The flower, The linen bag, That is the way it used to be but it will not go on like that, Chat* and *What made me write* take the reader back to the times of Aziz Nesin's childhood and youth. The texts clearly prove the high degree of comprehension and sensitivity he already possessed as a young man. They also show how consciously and distinctly he developed his political views and his sense of responsibility towards society and how aware he was of his duty as a union member, journalist, writer and poet in the newly founded Turkish Republic right after the collapse of the Ottoman Empire.

Even decades after their publication many aspects of these texts are of the same importance and actuality as they were then.

In the five poems *For my children, In memory of my mother, My father, Last will* and *Most incomprehensible* Aziz Nesin addresses his readers in an almost autobiographical manner. Especially children and young people will feel as if they were spoken to personally.

In the four poems *The long journey, There is so much I do not understand, Tenacity and patience* and *What we can learn from animals* we are confronted with very striking observations of the world directly around us. They entice us into looking at the world anew in order to detect other wider realities behind those that we seem to know well.

The poem *Peace among Turks and Greeks* quite clearly and unmistakably urges all readers to take a good look again at their perception of the relations between the two neighbour countries and if need be to revise it. With this text Aziz Nesin breaks the taboo not to speak openly about the traumatic experiences that both sides suffer from since the so-called 1922/23 population exchange and resettlement. The readers are reminded here of the last line of Aziz Nesin's poem *Tenacity and patience, w*here he says ... let us *bring down the taboos.*

Peace among Turks and Greeks and the other three poems *To be the owner of this world, Songs* and *Such a world* distinguish themselves by their graphic nature of language and style. Perhaps even more than the other poems they require of the readers new approaches of looking at and thinking about the world in order to detect those specific dimensions of existence and activity that Aziz Nesin has in mind.

By his stories and poems Aziz Nesin encouraged both children and adults to critically observe and query the world and to actively take part in social life.

Dear readers, like Aziz Nesin in his day and time expected from his readers and the children in his foundation, so you, too, are invited to enjoy but also to scrutinize his works and to question his and your own conception of man and the world.

Have a good time full of pensive thoughts while reading Aziz Nesin's beautiful and convincing texts in our book!

Türkçe şiir ve öyküleri,
Aziz Nesin'in yazdığı şekilde aynen,
hiçbir değişiklik ya da düzeltme yapmadan
kitabımıza aldık.

Wir haben die türkischen Gedichte und
Geschichten ohne jede Veränderung oder
Berichtigung genauso in unser Buch
übernommen, wie Aziz Nesin sie geschrieben hat.

In our book the Turkish poems and
stories are quoted without
any alteration or correction exactly the way
Aziz Nesin wrote them.

Şiir ve öyküler
Gedichte und Geschichten
Poems and stories

Çocuklarıma

Diyelim ıslık çalacaksın ıslık
Sen ıslık çalınca
Ne ıslık çalıyor diye şaşacak herkes
Kimse çalamamalı senin gibi güzel

Örneğin kıyıya çarpan dalgaları sayacaksın
Senden önce kimse saymamış olmalı
Senin saydığın gibi doğru ve güzel
Hem dalgaları hem saymasını severek

De ki sinek avlıyorsun sinek
En usta sinek avcısı olmalısın
Dünya sinek avcıları örgütünde yerin başta
Örgüt yoksa seninle başlamalı

Diyelim zindana düştün bir ip al
Görmediğin yıldızları diz ipe bir bir
Sonra yıldızlardan kolyeyi
Düşlemindeki sevgilinin boynuna geçir

Say ki hiçbir işin yok da düşünüyorsun
Düşün düşünebildiğince üç boyutlu
Amma da düşünüyor diye şaşsın dünya
Sanki senden önce düşünen hiç olmamış

Dalga mı geçiyor düşler mi kuruyorsun
Öyle sonsuz sınırsız düşler kur ki çocuğum
Düşlerini som somut görüp şaşsınlar
Böyle bir dalgacı daha dünyaya gelmedi desinler

Dünyada yapılmamış işler çoktur çocuğum
Derlerse ki bu işler bişeye yaramaz
De ki bütün işe yarayanlar
İşe yaramaz sanılanlardan çıkar

Nesin Vakfı / 4 Temmuz 1986

An meine Kinder

Sagen wir mal, du pfeifst ein Liedchen so vor dich hin,
Und wenn du es pfeifst,
Staunt jeder, wie toll du pfeifst.
So schön wie du sollte keiner pfeifen können!

Wenn du zum Beispiel die Wellen zählst, die an den Strand rollen,
Sollte niemand vor dir sie so richtig und so schön
Gezählt haben, wie du sie zählst,
Ganz hingegeben den Wellen und dem Zählen.

Oder nehmen wir an, du machst Jagd auf Fliegen.
Dann solltest du der allerbeste Fliegenjäger sein;
Den Vorsitz solltest du führen im Weltverband der Fliegenjäger
Oder, wenn es diesen Verband nicht gibt, dann solltest du ihn gründen.

Sagen wir mal, du bist im Knast gelandet. Nimm eine Schnur
Und fädele auf sie die Sterne, die du nicht siehst,
Einen nach dem anderen und lege dann die Sternenkette
Deiner erträumten Geliebten um den Hals.

Stell dir vor, du hast gerade nichts zu tun und du denkst nach!
Dann denke nach, so gut wie du nur irgend kannst; denk' in allen
      Dimensionen!
Und alle Welt soll staunen: „Mensch, der kann aber denken!"
So, als hätte es vor dir noch keine Denker gegeben.

Ob du nun Däumchen drehst oder so vor dich hinträumst,
Träume solch endlos grenzenlose Träume, mein Kind,
Dass jeder sie ganz deutlich vor sich sieht, sich wundert und sagt:
„Einen solchen Träumer hat die Welt noch nie gesehen!"

Auf Erden gibt es vieles, was noch nicht getan ist, mein Kind.
Wenn die Leute sagen: „Das alles taugt doch zu nichts!"
Dann sag' doch du, dass alles, was wirklich zu etwas taugt,
Hervorgeht aus dem, was man eigentlich für untauglich hält!

Nesin Stiftung / 4. Juli 1986

To my children

Let's say you are whistling a tune,
And while you are whistling
Everybody should be amazed how well you can whistle.
Nobody should be able to whistle as nicely as you.

If for instance you count the waves that run up the beach,
Nobody should have counted them before
Quite as correctly and nicely as you,
Enchanted like you with the counting and with the waves.

Let's assume you are catching flies,
You ought to be the very best catcher.
You should be chairman of the World Association of Fly Catchers
Or become its founder if it does not yet exist.

Let's say you are locked up in prison; then take a thread
And on that thread one by one line up the stars
That you do not see and put that necklace made of stars
Round the neck of the darling of your dreams.

Imagine you do not have to work and spend your time thinking.
Then think as much as you possibly can, think in all dimensions;
And in amazement everyone will say: "Look at the way he thinks!"
As if there had never been thinkers before you.

Whether you are just wool-gathering or day-dreaming;
Dream such never-ending unlimited dreams, my child,
That people quite clearly can imagine your dreams and taken aback
Will say: "There has never been a dreamer like him on earth!"

On earth there is so much that has not yet been done, my child;
When people say: "All this is good for nothing!"
Tell them that everything genuinely good
Comes from what first is considered to be good for nothing.

Nesin Foundation / 4th July 1986

Annemin anısına

Bütün anneler annelerin en güzeli
Sen en güzellerin güzeli
Onüçünde evlendin
Onbeşinde beni doğurdun
Yirmialtı yaşındaydın
Yaşamadan öldün
Sevgi taşan bu yüreği sana borçluyum
Bir resmin bile yok bende
Fotoğraf çektirmek günahtı
Ne sinema seyrettin ne tiyatro
Elektrik havagazı su soba
Ve karyola bile yoktu evinde
Denize giremedin
Okuma yazma bilmedin
Güzel gözlerin
Kara peçenin arkasından baktı dünyaya
Yirmialtı yaşındayken
Yaşamadan öldün
Anneler artık yaşamadan ölmeyecek
Böyle gelmiş
Ama böyle gitmeyecek

Taşkent – Moskova yolu / uçakta, 1965

Zum Gedenken an meine Mutter

Jede Mutter ist die schönste aller Mütter.
Du, die Allerschönste der Schönsten,
Mit dreizehn hast du geheiratet,
Mit fünfzehn mich geboren.
Sechsundzwanzig warst du, als du starbst,
Ohne je gelebt zu haben.
Mein Herz, so übervoll von Liebe, verdanke ich dir.
Nicht ein einziges Bild habe ich von dir;
Sich fotografieren zu lassen war Sünde.
Nie hast du einen Film gesehen oder ein Theaterstück.
Es gab nicht einmal Strom, Gas oder Wasser,
Einen Ofen oder gar ein Bettgestell in deinem Haus.
Im Meere durftest du nie baden;
Lesen und schreiben konntest du nicht.
Deine schönen Augen
Sahen die Welt nur durch einen schwarzen Schleier.
Mit sechsundzwanzig starbst du,
Ohne je gelebt zu haben.
Jetzt werden Mütter nicht mehr sterben,
ohne je gelebt zu haben.
So war das zwar,
Aber so geht das nicht mehr weiter!

Flug Taşkent – Moskau / 1965

In memory of my mother

Every mother is the most beautiful mother.
You are by far the most beautiful of them all.
At thirteen you married,
At fifteen you gave birth to me.
Twenty-six you were when you died,
Never having lived at all.
To you I owe my heart overflowing with love.
I do not even have a picture of you;
Taking photos was a sin.
You never watched a film or a play.
There was no electricity, no gas,
No running water in your house,
Neither a bed nor a stove.
You never were allowed to swim in the sea;
You did not know how to read or to write.
Your beautiful eyes
Looked at the world from behind a black veil.
At the age of twenty-six you died,
Never having lived at all.
In future mothers will no longer die without having lived.
That is the way it used to be,
But it will not go on like that!

Flight Taşkent – Moscow / 1965

Çiçek

Annem okuryazar değildi. Ama, ince duygulu, sağduyusu olan bir kadındı.
Bütün analar, dünyanın en iyi kadınlarıdır. Benim annem de, benim annem olduğu için, dünyanın en iyi kadınıydı.
Bigün bahçeden çiçek koparıp anneme getirmiştim. Annem sevindi.
"Hadi, biraz daha çiçek koparalım..." dedi.
Bahçeye çıktık. Bana bir çiçek gösterdi.
"Bak", dedi, "Ne güzel çiçek... Bu çiçekler de canlı... Onların da canı var... Koparırsak ölür zavallı... Dalında daha güzel duruyor. Bardaktaki suda bu kadar güzel durmaz ki..."
Her çiçeğin başında bana "Kıyarsan, kopar istersen..." dedi. Neyim varsa, iyi olan, her şeyimi anneme borçluyum.

İstanbul / 1966

Die Blume

Meine Mutter konnte weder lesen noch schreiben. Aber sie war eine feinfühlige Frau mit gesundem Menschenverstand.

Alle Mütter sind die besten Frauen der Welt. Auch meine Mutter war die beste Frau der Welt, einfach deshalb, weil sie meine Mutter war.

Eines Tages pflückte ich im Garten Blumen und brachte sie meiner Mutter. Meine Mutter freute sich darüber.

„Komm, lass uns noch ein paar Blumen pflücken", sagte sie.
Wir gingen in den Garten. Sie zeigte auf eine Blume.

„Schau doch mal", sagte sie, „welch eine schöne Blume... Diese Blume lebt, sie hat auch eine Seele. Wenn wir sie abpflücken, stirbt die Arme. Auf ihrem Stiel sieht sie viel schöner aus. In der Vase wird sie nicht mehr so schön aussehen..."

Vor jeder Blume sagte sie zu mir: „Wenn du's übers Herz bringst, dann pflücke sie..." Alles, was ich in mir an Gutem habe, verdanke ich meiner Mutter.

Istanbul / 1966

The flower

My mother could neither read nor write. But she was a sensitive woman gifted with good common sense.

All mothers are the best women in the world. My mother, too, was the best woman in the world, simply because she was my mother.

One day I picked flowers in our garden and took them to my mother. She was delighted.

"Come on, let's pick some more flowers", she said.
We went into the garden. She pointed at a flower.

"Look here", she said, "What a beautiful flower... This flower is alive, it also has a soul. When we pick it, the poor thing will die. It looks so nice on its stalk. It won't look that nice in a vase..."

In front of every flower she said: "If you can bring yourself to pick it, do so!" Whatever there is good in me, all of it I owe to my mother.

Istanbul / 1966

Babam

Dünyaların en iyi babası benim babamdır
Düşmandır düşüncelerimiz
Dosttur ellerimiz
Dünyada tek elini öptüğüm
Babamdır
Kırkını geçtin adam olmadın der
Başım önümde dinlerim
Önünde tek baş eğdiğim babamdır
Sabahlara dek Kuran okur
Anamın ruhuna
İnanır ona kavuşacağına
Bana gavur der
Diş bilemeden
Dünyada tek bağışladığı ben
Tek bağışladığım odur
Başım derde girdikçe bakar çocuklarıma
Bitürlü ölemiyorum der senin yüzünden
Çocuklar ortada kalacak
Ölemez kahrımdan benim
Yaşamak zorunda benim yüzümden
Gözlerindeki ateş bakışlarında söner
Tuttuğun altın olsun der
Çocukluğumu tek anlayan odur
Dünyaların en iyi babası benim babamdır

1961

Mein Vater

Der beste Vater auf der ganzen Welt, das ist mein Vater.
Feinde sind unsere Gedanken,
Freunde jedoch unsere Hände.
Der Einzige auf Erden, dem ich die Hand küsse,
Ist mein Vater.
„Du bist schon über vierzig und immer noch ist nichts
        aus dir geworden", pflegt er mir zu sagen;
Mit gesenktem Kopfe höre ich zu.
Vor niemandem sonst beuge ich das Haupt
        als vor meinem Vater.
Er liest im Koran bis früh in den Morgen,
Damit meine Mutter in Frieden ruhe,
Und glaubt, dass er mit ihr wieder vereinigt werde.
Ungläubig nennt er mich,
Doch ohne jeden Groll.
Der Einzige, dem auf Erden er vergibt, bin ich;
Der Einzige, dem ich vergebe, das ist er.
Bin ich in Schwierigkeiten, sorgt er für meine Kinder.
„Nur deinetwegen", sagt er zu mir,
        „kann ich nicht sterben;
Wer denn soll sich um die Kinder kümmern?"
Er kann nicht sterben aus lauter Sorgen um mich;
Mir zuliebe muss er weiter leben.
Das Feuer seiner Augen verglimmt in seinem Blick.
„Was du auch anfasst, verwandeln soll es sich zu Gold",
        sagt er mir immer.
Einzig er ist es, der meine Kindheit versteht,
Der beste Vater auf der ganzen Welt, das ist mein Vater!

1961

My father

The best of all the fathers in the world that is my father!
Foes are our thoughts,
Friends however our hands.
The only one on earth whose hand I kiss
It is him, my father.
"You are more than forty now and nothing
        has become of you as yet" he will say;
Head down I listen.
The only one in front of whom I bend my head
        it is him, my father.
Until the early hours of the morning he reads the Koran
To make my mother rest in peace,
Believing he will see her again.
He calls me an unbeliever,
But bears me no grudge.
Of all the people in the world I am the only one
        whom he forgives;
The only one whom I forgive is he.
When I am in trouble he looks after my children.
"I simply cannot die", he will say, "because of you.
I have to take care of your children."
He cannot die for all his worries about me;
Because of me he must go on living.
The fire of his eyes is fading in his look.
"May everything you touch turn into gold", he will say.
He is the only one who understands my childhood days.
The best of all the fathers in the world that is my father!

1961

Bez çanta

Mahalle Mektebi uzak... Kış, soğuk, kar... Paltom yok... Üşüyorum, ellerim donuyor.
Annem haki renkli kalın bezden bir çanta dikti bana.
Kitabımı, defterimi çantama koyuyorum.
Soğukta elim üşüdüğünden çantayı tutamazdım, kolumun altına sıkıştırırdım; soğuktan korunmak için elimi de çantanın altına alırdım.
Okul dönüşü eve gelince ellerim sızım sızım sızlar...
Bir akşam, eve geldim yine, annem: "Çantan nerde?" dedi.
Eğilip kolumun altına baktım, çanta yok... Yolda, soğuktan elim uyuşmuş, parmaklarım duyarlığını yitirmiş, çantanın düştüğünden haberim bile olmamış. Dönüp baktım, aradım geçtiğim yolları; çanta yok...
    Babam bu olayı, sonraları çok başka türlü anlatırdı:
"Yepyeni bir çanta almıştım... Çok pahalı bir çanta... Çok güzel bir çanta... Sağlam çanta... Üç gözü vardı çantanın... Hem de kilidi vardı çantanın... O güzelim çantayı taşıdığı ilk gün yolda düşürmemiş mi elleri üşüyüp de...
Vah benim oğlum... 'Çantan nerde?' diye sorup da kolunun altında göremeyince çantayı, başladı ağlamaya... 'Ağlama oğlum, ben sana daha iyisini alırım' dedim. Daha güzel bir çanta aldım..."
    Babam böyle anlatırdı; anlata anlata, bu anlattıklarına iyice inanmıştı. Babam, içinden geçenleri, dileğini anlatıyordu. Dileğini olmuş sanıp, inanarak anlatıyordu. Hiç bir zaman: "Baba öyle değildi." diyemedim.
    O, gülerek anlatırdı, ben de gülerek dinlerdim.
    Çoğumuz kendi suçumuzmuş gibi yoksulluğumuzdan utanırız. Ben de yıllarca yoksulluk ayıbımdan utandım, taa yazar olana dek... Çoğunluğun yoksul olduğu ülkede, yoksulluğun değil, varlıklılığın daha utanılası olduğunu yazarlığa başlayınca anladım.

İstanbul / 1966

Die Leinentasche

Bis zur Schule unseres Stadtteils war es weit. Der Winter war kalt und überall lag Schnee. Ich hatte keinen Mantel und fror. Meine Hände waren eiskalt. Meine Mutter hatte mir aus khakifarbenem, dickem Leinen eine Schultasche genäht, in die ich mein Buch und mein Heft steckte. Weil meine Hände so kalt waren, konnte ich vor lauter Kälte meine Tasche nicht halten und steckte sie deshalb unter meinen Arm. Um meine Hand vor der Kälte zu schützen, schob ich auch sie unter die Tasche.

Wenn ich von der Schule nach Hause kam, schmerzten meine Hände immer wie verrückt vor Kälte... Eines Abends war ich gerade nach Hause gekommen, als meine Mutter mich fragte: „Wo ist denn deine Tasche?"

Ich bückte mich und schaute unter meinem Arm nach, aber da war keine Tasche... Unterwegs waren meine Hände wegen der Kälte abgestorben und meine Finger hatten kein Gefühl mehr. So hatte ich überhaupt nicht gemerkt, dass mir meine Tasche runter gefallen war. Ich ging zurück und schaute nach ihr; ich suchte alle Wege ab, die ich gegangen war, aber die Tasche war nirgends zu sehen...

Mein Vater pflegte von diesem Ereignis später auf ganz andere Art und Weise zu berichten: „Ich hatte ihm eine nagelneue Schultasche gekauft... Eine ganz teure... Und so schön war die Tasche... Und so stabil... Die Tasche hatte drei Innenfächer... Und obendrein hatte die Tasche sogar noch ein Schloss... Und ausgerechnet diese wunderschöne Tasche verliert er unterwegs gleich am ersten Tag, weil seine Hände so kalt waren... Ach, ach, mein Junge! Als ich ihn dann fragte: 'Wo ist deine Schultasche?' und er sie unter seinem Arm nicht entdecken konnte, fing er auch noch an zu weinen. Da sagte ich zu ihm: 'Heule doch nicht, mein Junge, ich kaufe dir eine noch viel bessere!' Und ich kaufte ihm eine noch schönere Tasche."

So pflegte mein Vater Geschichten zu erzählen, und er glaubte selber fest an das, was er da immer so erzählte. Mein Vater erzählte die Ereignisse so, wie er sie gerne gehabt hätte. Er glaubte derart an seine Erzählungen, als wären seine Wunschvorstellungen wahr geworden. Und nicht ein einziges Mal konnte ich sagen: „Papa, ganz so war das eigentlich nicht!" Lachend erzählte er seine Geschichten, und ich hörte ihm zu und lachte auch.

Die meisten von uns schämen sich ihrer Armut, als seien wir selber daran schuld. Auch ich litt jahrelang unter der Schande, so arm gewesen zu sein, sogar bis zu der Zeit, als ich zu schreiben begann. Erst als ich mit der Schriftstellerei anfing, begriff ich, dass man sich in einem Land, in dem die meisten Menschen arm sind, nicht der Armut, sondern viel mehr des Reichtums wegen schämen müsste.

Istanbul / 1966

The linen bag

The school in our quarter was quite some distance away. The winter was cold, and there was snow everywhere. I had no coat. All the time I was freezing and my hands were always ice-cold. My mother had sewn a bag for me out of thick khaki-coloured linen. I used to put my book and my pad into it.

When my hands were freezing because of the cold they could no longer hold my bag. So I put it under my arm. In order to protect my hand from the cold I would then stick it under the bag, too.

When I came home from school my hands were ice-cold, pins and needles all over... One evening, just after I had come home, my mother asked me: "Where is your bag?"

I bent over and looked under my arm, but there was no bag... On my way home my hand had become quite numb, my fingers no longer could feel anything and I had not even noticed that I had lost my bag. I went back to look for it, I searched all the lanes that I had walked before, but the bag was gone...

Later my father would tell this incident in quite a different way: "I had bought him a brand-new bag... Quite an expensive one... It was such a nice bag... And so solid... It also had three inside pockets. To top it all the bag even had a lock. And then the very first day on his way he loses this wonderful bag because his hands were so cold... Oh my boy! And when I asked him: 'Where is your bag?' and he could not find it under his arm, he even began to cry. 'Don't you cry, my son, I'll buy you an even better one.' I said. And I bought him a much nicer bag."

That is how my father used to tell stories; and he himself really believed what he was saying. My father would describe events the way he wished them to be. He believed so firmly in what he was telling as if his wishes had come true. And I never could say: "Daddy, it was not quite like that!" With a laugh he would tell his stories, and I would listen to him, laughing also.

Most of us are ashamed of being poor, as if this was our own fault. For years and years I, too, had been ashamed of being so disgracefully poor, right up to the time when I started writing. Only when I began my life as a writer I realized that in a country where most people are poor one ought not to be ashamed of being poor, but rather of being rich.

Istanbul / 1966

En anlamadığım

İnsan insanı öldürmesin
İster kaza ister cinayet

İnsanlar insanları öldürmesin
Ne savaşta ne barışta

Devlet insanı öldürmesin
İster yasal ister yasadışı

İnsan kendini öldürmesin
İster birden ister yavaş yavaş

İnsan kendiliğinden de ölmesin
İster hastalıktan ister yaşlılıktan

Anlamadığım onca şey var ki dünyada
Ama en anlamadığım ölmek

Nesin Vakfı (yatakta) / 16 Aralık 1987

Das Unbegreiflichste

Der Mensch soll den Menschen nicht töten,
Nicht durch Unfall und auch nicht durch Mord.

Menschen sollen Menschen nicht töten,
Weder im Kriege noch im Frieden.

Der Staat soll den Menschen nicht töten,
Nicht nach Gesetz und auch nicht ohne.

Der Mensch soll auch sich selbst nicht töten,
Nicht plötzlich und nicht elendig langsam.

Auch nicht so ganz von selbst sollte der Mensch sterben,
Weder an Krankheiten noch an Altersschwäche.

Auf Erden gibt es so vieles, was ich nicht verstehe;
Das Unbegreiflichste jedoch für mich ist das Sterben.

Nesin Stiftung (im Bett) / 16. Dezember 1987

Most incomprehensible

Man must not kill man,
Not by accident nor murder.

Men must not kill men,
Neither in war nor in peace.

The state must not kill men,
Not by law nor outside the law.

Man must not kill himself,
Neither suddenly nor painfully slow.

Man should not simply pass away,
Not of illness nor of old age.

So much on earth I do not understand,
But most incomprehensible to me is dying.

Nesin Foundation (in bed) / 16th December 1987

Son istek

Bitki olacaksam
Çayır çimen olayım
Aman baldıran değil

Yol altında kalacaksam
Gelin arabaları geçsin üstümden
Çelik paletler değil

Üstümde çocuklar koşuşsun
Ne kaçan ne kovalayan
Askerler değil

Kerpiç yapacaksanız beni
Okullarda kullanın
Cezaevlerinde değil

Soluğum tükenmez de kalırsa
Islık öttürsünler
Aman ha düdük değil

Kalem yapın beni kalem
Şiirler yazan sevi üstüne
Ölüm kararı değil

Ölünce yaşamalıyım defne yapraklarında
Sakın ola ki
Silahlarda değil

Nesin Vakfı / 29 Mayıs 1981

Letzter Wille

Sollte ich eine Pflanze werden,
Gerne wäre ich das Gras einer Wiese;
Doch Schierling möchte ich nimmer sein.

Liege ich begraben unter einem Weg,
Sollen Hochzeitskutschen rollen über mir,
Nicht stählerne Panzerketten.

Kinder sollen über mir laufen,
Doch keine Soldaten,
Weder flüchtende noch verfolgende.

Macht ihr Ziegelsteine aus mir,
Dann verbaut mich in den Schulen,
Nicht aber in Gefängnissen.

Verbleibt mir noch ein bisschen Atem,
So lasst mich doch ein Liedchen noch pfeifen;
Um Himmels Willen nicht die Trillerpfeife!

Stifte macht aus mir, Stifte,
Die Gedichte schreiben über Liebe,
Doch niemals Todesurteile.

Und wenn ich dann sterbe, so möchte ich
Weiterleben in den Blättern des Lorbeerbaums,
Doch niemals, um keinen Preis der Welt, in Waffen!

Nesin Stiftung / 29. Mai 1981

Last will

Should I become a plant
I would like to be the grass of a meadow,
But certainly not hemlock.

Should I be buried under a road
Wedding coaches should pass over me,
Not steel tracks of tanks.

Children should run above me
Not soldiers,
Neither on the run nor on the hunt.

If you mould me into bricks
Use me for building schools,
Not for making prisons.

If I have some breath to spare
Let me whistle a tune,
But never blow a policeman's whistle!

Into pencils turn me, into pencils
That write poems about love,
But never sign death sentences.

After my death I should live on in laurel leaves;
But never, not for anything on earth,
Never in weapons!

Nesin Foundation / 19th May 1981

Anlamadığım ne çok şey var

Anlamadığım ne çok şey var
Anladığım ne az

İki kavak fidanı
İkisi de bir yaşta bir boyda
İkisi de bir günde dikildi
Üç metre aralıkla

Onbeş yıl geçti aradan
Biri enlendi boylandı
Öbürü cılız kavruk

Peki niçin
Belki beni şaşırtmak için

1995

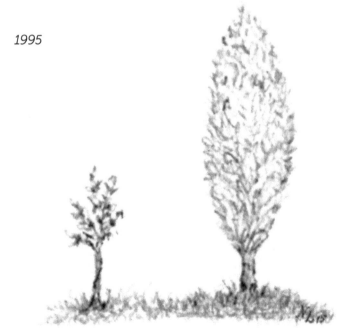

So vieles verstehe ich nicht

So vieles verstehe ich nicht,
So weniges nur verstehe ich.

Zwei Pappelstecklinge,
Beide gleich alt und gleich groß,
Beide am selben Tag gepflanzt
Drei Meter nur auseinander.

Und fünfzehn Jahre später
Reckt sich der eine kraftvoll empor
Und kümmert der andere so vor sich hin.

Warum denn nur?
Vielleicht, damit ich mich wundere...

1995

There is so much I do not understand

There is so much I do not understand,
So little I can grasp.

Two poplar saplings,
Both equally old and tall,
Both planted the same day
Only ten feet apart.

And yet fifteen years later
The one has grown healthy and high.
The other one barely scrapes through.

But why?
Maybe to make me wonder...

1995

Böyle gelmiş böyle gitmez

"Böyle gelmiş böyle gider"* demekten çıkarı olan bütün sömürücüler, bütün çıkarcılar, bütün aldatıcılar ve aldatılanlar şunu iyi bilsinler ki:
Böyle gelmiş ama böyle gitmeyecek! Çocuklarımız, bütün bu çektiklerimizi çekmeyecekler. Biz yoğun bir bataklık çamuru içinde sürünerek kendimizi kurtarıp şimdi olduğumuz bu yere geldik. Aynı yoldan geçip kendilerine iyi bir yaşama düzeni kurmuş olanlardan kimisi şöyle der:
"İnsanın kendisinde kabiliyet olduktan, çalıştıktan sonra başarmamak olanaksızdır."
Yalandır bu sözler. Geçip kurtulduğumuz o yoğun bataklığa gömülüp boğulanlar ne oldu? Bizim kurtuluşumuz bir iyi tesadüftür.
Bu acılar çekilmeyecek birgün. İnsanlar eşit fırsatlarla yarışa girecekler.
Bugün olduğu gibi, ayakları bağlanmış olanla, antrenman yapmış olanları birlikte yarışa sokup: "İşte hürriyet var, koşun bakalım, kim kimi geçecek..." denilemeyecek.

İstanbul / 1966

* *bkz. Giriş*

So war das zwar, aber so geht das nicht mehr weiter

All die Ausbeuter und all die Opportunisten, all die Betrüger und Betrogenen, die erklären: „Das war schon immer so und das bleibt auch so!"*, und alle diejenigen, die daraus ihren Vorteil ziehen, sollten Folgendes ganz genau wissen: So war das zwar, aber so geht das nicht mehr weiter!

Unsere Kinder werden nicht mehr das Elend erleiden, das wir ertragen mussten. Nachdem wir uns durch den zähen Schlamm der Sümpfe geschleppt und selber daraus gerettet haben, sind wir jetzt an dieser Stelle angelangt.

Der eine oder der andere, der denselben Weg gegangen ist wie wir und sich ein angenehmes Leben verschafft hat, mag zwar sagen: „Wenn jemand begabt ist und ordentlich arbeitet, ist es unmöglich, keinen Erfolg zu haben."

Doch das ist eine glatte Lüge!

Was ist denn mit denen, die in den tiefen Sümpfen versunken und erstickt sind, aus denen wir uns nur mit knapper Not retten konnten? Es ist doch reiner Zufall, dass wir davongekommen sind.

Eines Tages werden die Menschen diese Leiden nicht mehr ertragen müssen.

Die Menschen werden mit gleichen Voraussetzungen am Wettlauf teilnehmen. Man wird dann nicht mehr, wie das heute noch üblich ist, denjenigen, die man zum Wettlauf mit gefesselten Füßen gegen wohltrainierte Gegner antreten lässt, sagen können: „Schaut mal, ihr seid doch frei, lauft los, mal sehen, wer gewinnt."

Istanbul / 1966

* *Siehe Einführung*

That is the way it used to be but it will not go on like that

All exploiters and opportunists, all deceivers and their victims who say "That is the way it used to be and that is how it will go on!"*, and all those who derive an advantage from it definitely should know: That is the way it used to be, but it will not go on like that!

Our children will not have to endure the misery that we had to suffer. Having pulled ourselves out of the dire mud of the swamps in which we struggled we have come to the very point where we are now.

Some of them who have come the same way as we and who have now made themselves comfortable may well say: "If only you are sufficiently gifted and work hard enough it will be impossible not to be successful."

That is a blatant lie!

What has become of those who were swallowed by and drowned in the terrible swamps that we escaped from by the skin of our teeth? It was sheer luck that we were able to save ourselves.

The day will come when men will no longer have to bear those sufferings.

People will start the race on equal terms. Those who are still today made to race against well-trained competitors with their own feet bound in future cannot be told any more: "Look here, you are free, come on and run, let's see who the winner is."

Istanbul / 1966

* See Introduction

Uzun yolculuk

Bu soğukta takıldı kafama
Doğalgaz sobasında
Şu anda görünen mavi alev
Kaç hafta kaç ay ya da kaç yıl önce
Yola çıkmıştı Sibirya'dan

Bu şiir olmadı
Uyku bastırdı iyice yattım
Uyuyamıyorum ne yapsam
Aklım sobanın mavi alevinde

Oldu bu şiir
Çünkü uyutmuyor
Uzun yolculuğu mavi alevin

Ankara / 6 Ocak 1990
Nesin Vakfı / 18 Ocak 1990

Die lange Reise

In dieser Kälte lässt mich die blaue Flamme,
Die ich gerade jetzt im Gasofen sehe,
      einfach nicht mehr los.
Vor wie vielen Wochen, wie vielen Monaten
      oder wie vielen Jahren sogar
Machte sie sich von Sibirien her auf den Weg?

Dieses Gedicht ist nichts geworden;
Schlaf überkam mich und ich ging zu Bett.
Einschlafen kann ich aber nicht. Ganz gleich, was ich tue,
Meine Gedanken sind ständig bei der blauen Flamme im Ofen.

Aus diesem Gedicht ist doch noch etwas geworden;
Denn sie lässt mich nicht schlafen,
Die lange Reise der blauen Flamme.

Ankara / 6. Januar 1990
Nesin Stiftung / 18. Januar 1990

The long journey

In this cold the blue flame
Just now visible in the gas stove
Keeps haunting my thoughts.
How many weeks, how many months,
      how many years ago
Did it set out on its way from Siberia?

This poem did not work out;
Sleep overcame me and I went to bed.
I can get no sleep. Whatever I do, I just can't;
My mind is so busy with that blue flame in the stove.

This poem has worked out after all,
Because the long journey of that blue flame
Simply does not let me sleep.

Ankara / 6th January 1990
Nesin Foundation / 18th January 1990

Hayvanlardan alınacak ders

Fransız kedisi
İran kedisiyle buluşur
Hemen kedice konuşur

Alman serçesi
Meksika serçesiyle buluşur
İkisi de ötüşür

Japon köpeği
Amerikan köpeğiyle buluşsa
İlk işi koklaşır

Rus ayısıyla Türk ayısı
Karşılaşsalar dağda
Ayı ayı oynaşır

Yılan be yılan
Hint yılanı Çin yılanı
Buluşunca sevişir

Hey insan oğlu insan
Şuncacık aklın olsa
Hayvanlardan ders alsan

Evcili yabanılı
Nerde olsa hayvanlar
Birbirine yaklaşır

İnsan soyundan olan
Nerde olursa olsun
Birbiriyle dalaşır

Nesin Vakfı / 9 Ağustos 1987

Was wir von Tieren lernen können

Trifft die französische Katze sich
Mit der Katze aus dem Iran,
Gleich schnurren sie nach Katzenart.

Begegnet der deutsche Spatz
Dem Spatz aus Mexiko,
Schon zwitschern sie beide los.

Treffen der Hund aus Japan
Und der amerikanische Hund zusammen,
Augenblicks beschnüffeln sie sich.

Kreuzen sich im Gebirge die Wege
Des russischen und des türkischen Bären,
So spielen sie mit einander auf Bärenart.

Schlangen, ja selbst Schlangen,
Sei's die aus Indien oder die aus China,
Liebkosen sich, wenn sie sich begegnen.

Menschenskind, ach Mensch,
Hättest du auch nur ein bisschen Verstand
Und würdest von den Tieren etwas lernen!

Ob Haustier oder wildes Tier,
Wo sie auch sein mögen,
Sie suchen gegenseitig ihre Nähe.

Doch die vom Menschengeschlechte,
Ganz gleich, wo sie auch sind,
Immerfort streiten sie miteinander!

Nesin Stiftung / 9. August 1987

What we can learn from animals

The cat from France and the cat from Iran,
The very moment they meet
Will start purring as cats always do.

When they come together,
The German and the Mexican sparrow
Immediately begin to chirp.

As soon as the dog from Japan
Encounters the dog from America
They start sniffing each other right away.

Should their paths cross in the mountains
The Russian bear and the Turkish bear
Will play with each other the way bears do.

Snakes, even snakes,
Be they from India or from China,
When meeting each other they will caress.

Hey Man, Son of Man,
If only you had that tiny bit of wit
To heed the animals' example!

Whether indoors or out in the wild,
Wherever there are animals
They will seek each other's company.

But they, the members of the human species,
Wherever it may be on earth
Savagely will fight their own kind!

Nesin Foundation / 9th August 1987

Biri inat biri sabır

Hepsi güzel
Ama ağaçkakanın güzelliği bambaşka
O küçücük gagasındaki inat
Kalemimi görüyorum gagasında
En sert ağacı inatla delerken

Hepsi güzel
Ama damlayan suyun güzelliği bambaşka
O durmadan damla damla sabır
Gözyaşımı görüyorum her damlasında
En sert mermeri sabırla delerken

O küçücük gagada inat
O her damla suda sabır
Haydi kalemim haydi gözyaşım
Gaganın inadı damlanın sabrıyla
Dele dele tabuları devir

Viyana / Hotel Beim Theresianum
Nesin Vakfı / 17 Kasım 1990

Beharrlichkeit und Geduld

Alles ist schön;
Aber die Schönheit des Spechts ist doch wieder
    etwas ganz Besonderes.
Im winzig kleinen Schnabel diese Beharrlichkeit!
Ich sehe meinen Stift in seinem Schnabel,
Wie den härtesten Baum er aushöhlt mit Beharrlichkeit.

Alles ist schön;
Aber die Schönheit des tropfenden Wassers ist doch wieder
    etwas ganz Besonderes.
Tropfen für Tropfen diese unendliche Geduld!
Ich sehe meine Tränen in jedem Tropfen,
Wie den härtesten Marmor sie durchbohren mit Geduld.

Im winzig kleinen Schnabel so viel Beharrlichkeit,
In jedem Tropfen Wasser so viel Geduld.
Los dann, mein Stift! Nur zu, meine Tränen!
Mit der Beharrlichkeit des Schnabels,
    mit der Geduld der Tropfen
Aushöhlend und bohrend stürzt die Tabus!

Wien / Hotel Beim Theresianum
Nesin Stiftung / 17. Oktober 1990

Tenacity and patience

Everything is beautiful;
But the woodpecker's beauty is
           something worlds apart.
This tenacity in his tiny beak!
In his beak I see my pen
Tenaciously hollowing out the hardest tree.

Everything is beautiful;
But the beauty of the dripping water is
           something worlds apart.
This patience of the ever-dripping drops!
In every drop I see my tears
Patiently piercing the hardest marble.

In the tiny beak so much tenacity,
In every drop of water so much patience.
Come on, my pencil! All right, my tears!
With the tenacity of the beak and the patience
           of the drops
Piercing them and hollowing them out
           bring down the taboos!

Vienna / Hotel Beim Theresianum
Nesin Foundation / 17th October 1990

Niçin yazdım?

Çocuklarımla çocuklarımın yaşıtları olanlar bilsinler ki, pek çoğunun anababası, benimkine çok benzer serüvenlerin ürünüdür. Ne var ki, pek çokları geçmiş günlerin acılarından, yoksulluklarından utanırlar, bunları bir eksiklik, bir ayıp gibi çocuklarından saklarlar. Bir sınıf arkadaşım vardır, şimdi, milyonerdir. Annesi Eyüp'te çamaşırcılık ederdi, babası dar gelirli çalışmasıyla onu yetiştirdi. Ama o şimdi, milyoner olduktan sonra, geçmişinden duyduğu utançla, aşağılık duygusuyla, çok zengin bir aile çocuğu, dedesinin de bir Osmanlı paşası olduğu yalanını söylüyor çocuklarına.

Birçok anababalar, benim anılarımda, kendi anılarını bulacaklardır.

Benim yaşıtlarımla, anababaları arasında yüzyıl, iki yüzyıl vardır. Sanırım, babamla benim aramda en az üç yüzyıllık bir zaman boşluğu vardı. Biz bir kopuşun çocuklarıyız. Anılarımda işte bunları anlatmak istedim: Biz nerden gelmiştik?

Anılarımı anlatmaktan ikinci amacım da şu: Böyle gelmiş, böyle gidecek değil, böyle gelmiş ama böyle gitmeyecek, gidemez.*

İstanbul / 1966

* bkz. Giriş

Was mich zum Schreiben brachte

Meine Kinder und ihre Altersgenossen sollten dies wissen: Die meisten ihrer Eltern sind, ganz ähnlich wie meine eigenen, das Produkt abenteuerlicher Geschichten. In Wirklichkeit schämen sie sich der Leiden und der Armut, die sie in ihrer Vergangenheit erlebten, und halten sie vor ihren Kindern geheim wie einen Makel oder wie eine Schande.

Ich habe einen Klassenkameraden, der heute Millionär ist. Seine Mutter war Wäscherin in Eyüp, sein Vater schickte ihn trotz seines sehr geringen Arbeitslohns zur Schule. Aber jetzt, wo er Millionär ist, schämt er sich seiner Vergangenheit und seiner Minderwertigkeitsgefühle und erzählt seinen Kindern die Lüge, er sei das Kind einer reichen Familie und sein Großvater sei ein osmanischer General gewesen.

Viele Eltern werden in meinen Erinnerungen ihre eigene Vergangenheit wiederfinden. Zwischen meinen Altersgenossen und ihren Eltern liegen ein, zwei Jahrhunderte. Ich glaube, dass zwischen mir und meinem Vater eine Zeitspanne von mindestens dreihundert Jahren klaffte. Wir sind die Kinder dieser Zerrissenheit.

Deshalb gehe ich in meinen Lebenserinnerungen der Frage nach, woher wir kommen.

Darüber hinaus verfolge ich beim Schreiben meiner Erinnerungen ein weiteres Ziel:

So war das zwar, aber so geht das nicht mehr weiter. Damals war das zwar so, aber so kann und darf es nicht mehr weitergehen!*

Istanbul / 1966

* Siehe Einführung

What made me write

My children and their peers definitely should know this: most of their parents, very much like my own, are the product of made-up stories that resemble each other a lot.

In fact many of them are ashamed of the misery and poverty they suffered in their past and hide them from their children like a personal flaw or shame.

One of my classmates now is a millionaire. His mother was a washerwoman in Eyüp, his father sent him to school in spite of his low wages as a worker.

Today, having become a millionaire, he is ashamed of his past and of his inferiority complex and tells his children the lie that he was the son of a rich family and that his grandfather had been a general in the Ottoman army.

Many parents will be reminded of their own past while reading my memories. Between people of my age and their parents lie one or two centuries. I think that between me and my father there was a time gap of at least three hundred years. We are the children of this inner conflict.

That is why in my reminiscences I followed the question where we come from. In addition to telling my memoirs I pursue a second aim:

That is the way it used to be, but it will not go on like that! That is the way it used to be but it cannot and must not go on like that!*

Istanbul / 1966

* See Introduction

Türk-Yunan barışı

Çocuklarımız ne istiyor bizden
Oğullarımız kızlarımız torunlarımız
Biz ne istedikse anababamızdan
Anababalarımız atalarımız ne istiyor bizden
Biz ne istedikse onlardan
Barış barış yine barış hep barış

Maviyle ak
Al ile ak
Türkle Yunan
Yunanla Türk
Derleyip devşirelim
Kan değil
Gözyaşı değil
Hınç değil

El ele göz göze kol kola yan yana
Teyzeler amcalar dayılar ablalar ağabeyler
Haydin hep beraber
Barış barış yine barış hep barış

Asya'dan uzanıyor bu el
Avrupa'dan uzanan bu ele
Haydi Ege'de Akdeniz'de el ele
Bu deniz bu gök bu toprak
Arkadaş yoldaş ortak
Silah değil eline gül yaraşır
Arkadaşça yoldaşça ortakça bir yarış
Barış barış yine barış hep barış

İstanbul / 2010

Friede zwischen Türken und Griechen

Unsere Kinder, was erwarten sie denn von uns,
Unsere Söhne und Töchter und Enkel?
Doch das, was wir uns von unseren Eltern wünschten!
Unsere Eltern und unsere Vorfahren, was erwarten sie von uns,
Wenn nicht das, was wir uns von ihnen wünschten:
Frieden, Frieden und noch einmal Frieden, Frieden für immer!

Blau und weiß,
Rot und weiß,
Türken und Griechen,
Griechen und Türken,
Lasst uns vereint neu beginnen!
Kein Blutvergießen,
Keine Tränen,
Keine Rache!

Hand in Hand und Auge in Auge, Arm in Arm und Seite an Seite,
Onkels und Tanten, Schwestern und Brüder,
Los, los, wir alle zusammen für
Frieden, Frieden und noch einmal Frieden, Frieden für immer!

Von Asien streckt sich die eine Hand
Der anderen Hand von Europa entgegen.
Los doch! In der Ägäis und im Mittelmeer reicht euch die Hände;
Dieses Meer, dieser Himmel, diese Erde
Sind doch Freunde, Kameraden und gehören zusammen.
Nicht Waffen, tragt Rosen in euren Händen!
Als Weggefährten und Freunde lasst uns gemeinsam streben nach
Frieden, Frieden und noch einmal Frieden, Frieden für immer!

Istanbul / 2010

Peace among Turks and Greeks

Our children, what do they expect from us,
Our sons and daughters and grandchildren,
If not what we wanted from our parents?
Our parents and ancestors, what do they expect from us
If not what we wanted from them:
Peace, peace, nothing but peace, peace forever!

Blue and white,
Red and white,
Turks and Greeks,
Greeks and Turks,
Come together and let us begin anew!
No bloodshed,
No tears,
No revenge!

Hand in hand and eye to eye, arm in arm and side by side,
Uncles and aunts, sisters and brothers,
Come on all together, let us strive for
Peace, peace, nothing but peace, peace forever!

From Asia the one hand reaches out
To grasp the other hand stretched out from Europe.
Here you go! Aegean and Mediterranean shake hands;
This sea, this sky, this land,
They are friends and comrades and partners.
Not weapons, hold roses in your hands!
United in friendship as comrades and partners let us strive for
Peace, peace, nothing but peace, peace forever!

Istanbul / 2010

Bu dünyanın sahibi olmak

Bu dünya O'ndan değil
Benden sorulur
Bu dünya O'ndan sorulmaz
Benden benden sorulur

Yaşadığım sürece kiracısı değil
Sahibiyim bu dünyanın
Düşünmeye başlar başlamaz
Ben yarattım yeniden
Yarattığım dünyam benden sorulur

Ne Mehmet ne Ahmet ne Ömer
Ben evet ben sorumluyum
Dünyanın her neresinde hırsızlar
Alçaklar namussuzlar
Ele geçirmişse iktidarı
Onlar değil ben sorumluyum
Çünkü dünya benden sorulur

Telsizlerle dünyanın herbir yanına
Buzlu dağ doruklarından
En derin deniz diplerine
Germişim antenlerimi dinliyorum
Dilsiz balıkların sessiz rüyalarını
İnsanların taş yüreklerini
Ve yufka yüreklerini

Ağlayan aç çocuklarını
Avutarak uyutmak için
Aş yerine kazanda taş kaynatarak
Bir yoksul dul anne
Asya steplerinde Afrika çöllerinde
O kadını tanımamış görmemiş olsam bile
Değil mi ki sahibiyim bu dünyanın

Değil mi ki bu dünya benden sorulur
Bütün açlarından ben sorumluyum

Bu benim dünyamda
İnsanların çoğu aptalsa
Aydınların çoğu ikiyüzlü ve korkaksa
Bütün bunlardan ben sorumluyum

Hayır hayır hayır
O'ndan sorulmaz bu dünya
Mehmet'in Ahmet'in Ömer'in
Hiç sorumu suçu yok bunda

Bu güzelim dünya bir çöplüğe
Bir pisliğe dönmüşse
Bu dünyanın deliğinden deşiğinden
Kimseler sorumlu değil suçlu değil
Bu benim dünyam O'nun değil
Benden sorulur benden sorulur

Yeşilköy International Hospital
21 Şubat 1992 - 20 Mart 1995

Eigentümer dieser Welt sein

Nicht Er ist schuld am Zustand dieser Welt;
Zuständig dafür bin ich.
Für diese Welt ist nicht Er verantwortlich,
Verantwortlich dafür bin ich, nur ich!

So lange ich lebe, bin ich nicht Mieter,
Eigentümer bin ich dieser Welt.
Mit meinem ersten Gedanken schon
Erschuf ich sie aufs Neue;
Für meine Welt, von mir erschaffen, hafte ich.

Weder Mehmet noch Ahmet und auch nicht Ömer,
Sondern ich, ja, ich bin dafür haftbar.
Wo auch immer auf der Welt
Diebe, Schufte oder ehrloses Gesindel
Die Macht an sich gerissen haben,
Nicht sie, sondern ich habe das zu verantworten,
Denn Verantwortung für die Welt trage ich!

Drahtlos habe ich auf der ganzen Welt,
Von den eisigen Gipfeln der Berge
Bis zu den tiefsten Tiefen der Meere,
Meine Antennen ausgefahren und ich lausche
Den stillen Träumen der stummen Fische,
Den steinharten Herzen der Menschen
Und ihren einfühlsamen Herzen.

Um ihre vor Hunger weinenden Kinder
Zu trösten und in den Schlaf zu wiegen,
Kocht die Witwe, die bettelarme Mutter
In Asiens Steppen und Afrikas Wüsten
Steine in ihrem Topf statt Essen.
Auch wenn ich diese Frau niemals gesehen habe,
      ihr nie begegnet bin,
Bin ich nicht doch Eigentümer dieser Welt,
Muss ich nicht doch geradestehen für diese Welt?
Dann bin ich auch verantwortlich für alle Hungernden!

Auch wenn auf dieser meiner Welt
Die meisten Menschen dumm sind;
Auch wenn von den Gebildeten die meisten
      hinterhältig sind und feige,
Für sie alle bin ich doch verantwortlich.

Nein, nein, nein!
Nicht Er ist schuld am Zustand dieser Welt;
Auch Mehmet, Ahmet und Ömer
Tragen dafür nicht Verantwortung noch Schuld.

Wenn diese wunderschöne Welt im Müll versinkt,
Im Dreck verkommt,
Wenn diese Welt elend zerstört zu Grunde geht,
Trägt niemand sonst dafür Verantwortung oder Schuld.
Dies ist meine Welt; es ist die Seine nicht!
Allein ich bin verantwortlich für sie, nur ich!

Yeşilköy International Hospital
21. Februar 1992 / 20. März 1995

To be the owner of this world

He is not to blame for this state of the world,
It is my sphere of responsibility!
For this world He is not responsible
It is me, I am the one to answer for it.

As long as I live I am not the tenant,
I am the owner of this world.
The very moment I began to think
I created it anew.
For the world that I created
        I take responsibility myself.

Neither Mehmet nor Ahmet nor Ömer
But I, yes, I have to answer for it.
Wherever in this world
Thieves and knaves and crooks
        come into power
They are not accountable for it, I am,
For I have to look after the world!

I spread out my wireless antennas
            into every corner of the world,
From the icy summits of the mountain peaks
Down to the deepest ocean trenches,
            and I listen
To the quiet dreams of silent fish,
To the stony hearts of men
And to their compassionate hearts.

To feed her crying hungry children
And to lull them into sleep,
The wretched widowed mother in her pot
Cooks stones instead of stew
In Asian steppes and African deserts.
Even though I never met or saw this woman,
Am I not the owner of this world,
Am I not the one responsible for all this world?
I am the one to care for all men going hungry!

Even if in this my world
Most men are stupid,
Even if most of the intellectuals
            are hypocrites and cowards,
I am responsible for them all.

No, no, no!
He is not to blame for what this world looks like;
Nor must Mehmet or Ahmet or Ömer
Take any responsibility or blame for all this.

Seeing that this lovely world now has become
A rubbish dump, a filthy place,
For all this misery and mess on earth
Nobody else is responsible or guilty.
This is my world, it is not His!
I am responsible, responsible am I!

Yeşilköy International Hospital
21st February 1992 / 20th March 1995

Söyleşi

Dost okurlarım!
İşte benim on yaşıma dek olan yaşamımı, anılarımı öğrendiniz. Bu yollardan geçip gelen benim gibi birisi için, önüne açılan iki yol vardır: Ya sınıf değiştirecek, ya bir üst sınıfa geçecek, üst sınıfın nimetleri, rahatı içinde kendinden memnun olacak, uyuşacak; ya da çektiği acıları, kendisinden sonrakilerin çekmemesi için savaşacak, yani toplumcu olacak. Benim toplumcu, solcu oluşumun nedeni işte budur; toplumculuğum, yaşamımın bir sonucudur. İnanıyorum ki, Türk halkı ancak ve ancak toplumculukla kalkınır. İnanıyorum ki ancak toplumculukla çocuklarımız, bizim çektiklerimizi, bizim acılarımızı çekmez.

Bu anılarımdan neden benim mizahçı olduğumu anlamışsınızdır. 1953'te yayımladığım "Geriye Kalan" adlı kitabımın önsözünden şu satırları buraya aktarıyorum:

Onbeş yıl oluyor. Babıali'ye aşk şiirleriyle girdim, yokuşun alt başından ellerim kelepçeli çıktım. Bir küçük, bir güdük kalem ki, şeflerin, diktatörlerin, yardakçıların, bütün bu kör nişancıların hıncına, gayzına, gazabına hedef oldu.

Şimdi dönüp geriye bakıyorum. Bir yaz güneşi altında, yedi rengin bütün çekiciliğiyle boncuk boncuk ışıldayan eşekarıları kümesine parmağını sokup oynamak isteyen bir yaramaz çocuğun akıbetine uğramışım. Bütün suçum, kendilerini arıbeyi sanan eşekarılarını tedirgin etmiş olmamdır.

Sevgili okurlarım. İşte o kavgadan "Geriye Kalan", gözyaşlarımdan süzdüğüm şu bikaç avuç kahkahadır.

Böyle gelmiş, ama böyle gitmeyecek, böyle gidemez, böyle götürmeyeceğiz.*

İstanbul / 1966

* bkz. Giriş

Gespräch

Meine lieben Leserinnen und Leser!
Nun haben Sie meine Lebensgeschichte und meine Erinnerungen bis zu meinem zehnten Lebensjahr erfahren. Für jemanden, der wie ich diesen Weg zurückgelegt hat, eröffnen sich zwei Wege in die Zukunft:
Entweder er wechselt die gesellschaftliche Klasse, steigt also in eine höhere Klasse auf und lebt dort mit den Segnungen und der Bequemlichkeit dieser höheren Klasse selbstzufrieden vor sich hin und erschlafft oder er kämpft dafür, dass die, welche nach ihm kommen, nicht die Leiden durchmachen müssen, die er selbst zu ertragen hatte; das heißt, er wird ein Sozialist. Genau das ist der Grund dafür, dass ich ein Sozialist, ein Linker bin. Dass ich ein Sozialist bin, ist ein Ergebnis meines Lebens.

Ich glaube, dass das türkische Volk sich einzig und allein durch den Sozialismus entwickeln wird. Ich glaube, dass nur mit Hilfe des Sozialismus unsere Kinder unsere Entbehrungen und unsere Leiden nicht ertragen müssen.

Sie verstehen aufgrund meiner Erinnerungen, warum ich ein Satiriker geworden bin. Aus dem Vorwort des von mir 1953 veröffentlichten Buches *Geriye Kalan / Was Bleibt* zitiere ich hier folgende Zeilen:

Fünfzehn Jahre ist das jetzt her. Nach Babıali kam ich mit Liebesgedichten in meinen Händen; meine Hände steckten in Handschellen, als ich von dort fortging. Ein kleiner, stumpfer Bleistift war zur Zielscheibe der Rachsucht, der Wut und des Zorns der Chefs, Diktatoren, Komplizen, all dieser miserablen Scharfschützen geworden.

Heute schaue ich zurück. Ich erlebte das Schicksal eines frechen Bengels, der im hellen Sommersonnenschein seine Finger zum Spielen in einen Haufen von Wespen hineinsteckte, die in den verführerischsten Regenbogenfarben wie glänzende Perlen funkelten. Mein einziges Vergehen war, dass ich die beunruhigt haben musste, die als Wespen glaubten, sie seien lauter Bienenköniginnen.

Meine lieben Leserinnen und Leser! Geriye Kalan / Was Bleibt aus den Kämpfen sind ein paar Hände voll Lachen, die ich aus meinen vergossenen Tränen herausfilterte.

So war das zwar, aber so wird das nicht mehr weitergehen, so darf das nicht mehr weitergehen, so werden wir nicht weitermachen.*

Istanbul / 1966

* Siehe Einführung

Chat

My dear readers!

You have shared my life story and my memories up to the time when I was ten. For someone who like me has come all this way there are two roads to take in future:

Either you will change your social class and rise to a higher one, making yourself happily and self-contentedly comfortable with the benefits of the upper class or you will fight so that those who come after you will not have to bear the same misery that you yourself had to suffer, which means, you will become a socialist.

This is the reason for my being a socialist, a left-winger. Being a socialist is one of the results of my life-long experience. I believe that really and truly only socialism can develop the Turkish people. I believe that only socialism will spare our children the pain and misery we had to endure.

My reminiscences will also explain to you why I am a satirist. In 1953 I published my book *Geriye Kalan / What Remains*. From the foreword to this book I quote a few lines here:

Fifteen years have passed since then. I came to Babıali with love poems in my hands; I left the place with my hands in cuffs. A short, a tiny pencil had become the target of the vindictiveness, fury and wrath of bosses, dictators, rascals, of all those blind snipers.

Today I look back. I had suffered the fate of a naughty boy. Playfully in bright summer sunshine I had put my fingers into an ever so tempting cluster of wasps, sparkling in all the colours of the rainbow like hundreds of pearls. My only offence had been to have disturbed the wasps who had considered themselves to be queen bees.

My dear readers, here you are. Geriye Kalan / What Remains of all the fights are a few handfuls of laughter distilled from the tears that I shed.

That is the way it used to be, but it will not go on like that; it must not go on like that, we shall not carry on like that.*

Istanbul / 1966

* See Introduction

Şarkılar

İnsanlar gider şarkıları kalır
Şarkılar var uzun
Yüzyılları dolanır
Şarkılar var kısa
Söylendiği yerde kalır
Şarkılar var
Benim şarkılarım
Söyletmezler
İçimde kalır

24 Eylül 1965

Lieder

Menschen gehen, doch ihre Lieder bleiben.
Lieder gibt's, die lange Wege wandern
Und für Jahrhunderte die Welt durchstreifen.
Und es gibt Lieder, die kurz nur bleiben,
Wo man sie singt.
Es gibt Lieder,
Meine Lieder,
Die man mich nicht singen lässt.
Sie bleiben in mir.

24. September 1965

Songs

People go their songs remain.
There are songs that travel
Round the world forever.
And songs that briefly stay
Where they are sung.
And there are songs,
My songs,
Which they won't let me sing;
They remain in me.

24th September 1965

Böyle bir dünya

Nasıl bir dünya mı
Kışlasız
Kışlaların koruduğu bankasız
Bankaların baş belası cezaevsiz
Kışlalar bankalar cezaevleri olunca
Olmazsa olmayan genelevsiz
Ve bunların hepsini koruyan tapınaksız
Ve büyük harfli O'ları hiç olmayan
Düdüksüz komutsuz komutansız
Alanlarında söylevsiz konuşulan
Yollarında rap rap değil
Türkülerce danslarca yürünen
Düşmansız savaşsız
Ve bütün sizlerin biz
Bizlerin hepimiz olduğu
İşte öyle bir dünya ki
Düşünceler zincirsiz
Sözler kelepçesiz
Seviler yasaksız

Nesin Vakfı / 30 Aralık 1987

Solch eine Welt

Welch eine Welt hätten wir
Ohne Kasernen,
Ohne Banken im Schutz von Kasernen,
Ohne Gefängnisse, die eine Riesenplage sind für Banken,
Ohne Bordelle, die es eh nicht gäbe
Ohne Kasernen, Banken und Gefängnisse
Und ohne Gotteshäuser, die sie alle schützen,
Und ohne Die, deren Namen man mit großen Lettern schreibt,
Ohne Trillerpfeifen, Befehle und Kommandeure,
Wo Leute auf den Plätzen plaudern und keiner Reden schwingt,
Ohne das Stampfen von Stiefeln auf den Straßen,
Wo Menschen tanzend ihre Lieder singen,
Ohne Feinde, ohne Kriege,
Eine Welt, in der ihr alle wir seid
Und in der wir alle wir sind!
Ja, solch eine Welt
Ohne Ketten für die Gedanken,
Ohne Fesseln für die Worte,
Ohne Verbote für die Liebe!

Nesin Stiftung / 30. Dezember 1987

Such a world

What would the world be like
Without barracks,
Without banks, protected by barracks,
Without prisons which are a headache for banks,
Without brothels which would not be there anyway
If there were no barracks, banks and prisons,
And without places of worship protecting them all,
And without Them whose names are written in capital letters,
A world without whistles, commanders and orders,
Where in big squares people chat instead of making speeches,
Without the stomping of boots on the roads,
With people walking about dancing and singing,
Without enemies and without wars,
A world where you all become we
And where we all are we!
Yes, such a world where
Ideas are not chained,
Words are not handcuffed,
Love is not forbidden!

Nesin Foundation / 30th December 1987

Şiir ve öykülerle ilgili açıklamalar ve sorular

Çocuklarıma ile ilgili açıklamalar

Çocuklarıma adlı şiirin dili öyle doğal, öyle sade ki sanki Aziz Nesin'in karşısında oturmuş ve onun konuşmalarını dinliyormuşuz gibi hissediyoruz. Aziz Nesin çok somut resimlerle her okuyucunun, özellikle de çocuk ve gençlerin kendi günlük yaşamlarından tanıdıkları sahneleri işliyor. Ancak bir yaşam durumunu, *zindan*'ı (cezaevi), okurların hemen hepsi yalnızca teorik olarak bilirler. Aziz Nesin, belki buna rağmen kendi yaşamından tanıdığı bu konuyu da şiirine katıyor.

Aziz Nesin çağdaş eğitim tasarımına uyarak, çocuklardan, önlerine çıkacak her durumu yaratıcılıkla değerlendirmelerini ve bağımsız düşünme ve davranışa, mümkün olan en büyük yeri vermelerini öneriyor. Onlardan, özgüvenle kendi görüşlerini savunmalarını, çevrenin tepkileri ne olursa olsun, tereddüt etmeden kendi mesleki yetenek ve yaşam planlarını uygulamalarını istiyor. Kendi sorumluluğunda düşünme ve davranış, kendi kişiliğini geliştirmeye, beklenmeyeni, duyulmamışı ve büyük şeyleri yapmaya yarayacak ve insancıl, yaratıcı, barışçıl bir toplum geliştirmeye yardımcı olacaktır.

Kendi pedagojik ilkelerini *Çocuk Cenneti*'nde pratikte uygulamaya geçirmiş olan Aziz Nesin, şiirinde genç kuşağa hitaben *Çocuklarım* diye sesleniyor. Çünkü o, eski ve yozlaşmış geleneklerden ve çeşitli çağdaş sosyal ve politik yaptırımlardan, baskılardan henüz çok fazla etkilenmemiş olan genç kuşağa büyük ümitler bağlıyor. Onlar, gelecek için hayal kurmaya henüz açık, yeni fikirler gerçekleştirmek, henüz keşfedilmemiş yöntemleri denemek açısından çok daha kolay motive edilebilirler. Yeni nesil, Aziz Nesin için çok önemli. Çünkü onlar cesaret, güç ve gençliklerinin verdiği dirilikle toplumlarını yaratıcılıklarıyla değiştirme şansına sahipler, hattâ bunu yapmak onların görevidir.

Aziz Nesin, çocuk ve gençlerden, bütün güçleriyle yetenekli oldukları, sebat ve hevesle takip ettikleri konularda bilgi ve gelişimleriyle bağdaşacak şekilde, sonuna kadar çalışmalarını istiyor. Ama Aziz Nesin onlara, günümüz dünyasında en üstün olabilmek için girilen yarışı nasıl kazanıp, başarılı olabilmenin yollarını göstermiyor. Aksine, hem kendilerine zevk veren hem de içinde yaşadıkları toplumun yararına olan, kendisi hakkında düşünmek ve içlerinde saklı olan yetenekleri bulup göstermek için gerekli zamanı ayırmalarını öneriyor.

Nesin Vakfı *Çocuk Cenneti*'nde yaşayan çocuk ve gençler, böyle bir yerde büyümenin, yetişmenin ne demek olduğunun bilincindeler ve bunun değerini tam anlamıyla kavramış bulunuyorlar. Onlar, Aziz Nesin'in kendi çocukluk ve gençlik çağında uymak zorunda kaldığı baskıcı eski eğitim metodlarıyla, kısıtlanmış düşünceleriyle ve körü körüne itaatla yetişmiyorlar. Şiirinin sonundaki güzel mısralarıyla Aziz Nesin *çocuklarına*, sanki bütün dünyadaki genç okurlarına güç ve cesaret veriyor:
Bütün işe yarayanlar işe yaramaz sanılanlardan çıkar.

Çocuklarıma ile ilgili sorular

1. Şiirde Aziz Nesin ön planda "çocuklarına" sesleniyor. Bu şiir yetişkinlere de hitap eder mi?
2. Aziz Nesin, çocukları çok çeşitli durumlarda gösteriyor. Sence Aziz Nesin çocukları bu durumlarda göstermekle neyi amaçlıyor?
3. Sen de hiç Aziz Nesin'in anlattıkları gibi durumlar yaşadın mı? Bize anlatabilir misin?
4. Bugün birçok genç insan, çeşitli konularda yetenek ve bilgilerini gösteriyorlar. Senin de çok başarılı olabildiğin ve zevkle yaptığın birşey var mı?
5. Aziz Nesin şiirin dördüncü kıtasında *zindan*'dan (cezaevi) bahsediyor. Çocuklara hitabeden bu şiirde sence acaba neden zindan konusunu ele almış?
6. Şiirin altıncı ve yedinci kıtalarında Aziz Nesin hitap şeklini değiştiriyor. Anahtar sözcükleri altıncı kıta ikinci dizede ve yedinci kıta birinci dizede bulabilirsin. Bu farklı seslenişle neyi amaçlıyor sence?
7. Aziz Nesin *yoğun düşünmek* ve *sınırsız düşler* görmekten bahsediyor. Mutlaka sen de düşünmek ve hayal kurmak için kendine zaman ayırıyorsundur. En çok neler düşünüyorsun, neler hayal ediyorsun?
8. Sen de çocuk ve gençlerin eğitimi ve amaçları hakkında çeşitli görüş ve ilkelerin olduğunu kendi deneyimlerinden biliyorsundur. Okulunda çocuk eğitimi konusunda hangi değerler geçerli?
9. Senin ana babanın çocukluğunda yaşam şartları ve çocuk eğitimi bugünkünden çok farklıydı. Bu yüzden herhalde bazen ailende farklı düşünceler ortaya çıkıyordur. Hangi konularda tartışmalar çıkabilir?
10. Bugünkü toplumumuzda meslekte en büyük başarıya ulaşmak ve toplumda sivrilmek önemli bir istem olmuştur. Sence Aziz Nesin bu konuda ne düşünürdü?

Annemin anısına ile ilgili açıklamalar

Taşkent'ten Moskova'ya uçakla giderken 1965'te yazmış Aziz Nesin **Annemin anısına** şiirini. Aziz Nesin, annesine bu eşsiz anıtı diktiğinde elli yaşındaydı. O, kendisine davranışları ve kişiliğiyle insan sevgisini, ondan öte, sevme duygusunu aşılayan annesini şükranla anımsıyor.

Aziz Nesin bu şiirinde ailesinin yaşam koşullarını somut bir şekilde gözler önüne seriyor. Yüz yıl önce onlar Türkiye'de en fakirler sınıfına dahildiler. Özellikle de evi idare etmek durumunda olan annesi, şimdi aklımızın alamayacağı zor koşullar altında, ekonomik, hijyenik ve iklimsel sorunlarla savaşım vermiştir. On üç yaşında bir kız çocuğuyken evlendirilmiş, on beş yaşında Nusret'i dünyaya getirmişti. Aziz Nesin, bir kez şaka yollu, ailesinin ona "Allah'ın yardımı" anlamına gelen "Nusret" adını vermekle en isabetli ismi seçtiklerini, çünkü o zamanlar ailesinin çok büyük bir yoksulluk içerisindeyken ancak tanrının yardımına sığınarak hayatta kalabildiklerini söylüyordu. Daha sonra ismini, Aziz Nesin olarak değiştirmiştir. Çocuklarının çoğu yaşamlarını kaybeden genç anne, yirmi altı yaşında erkenden göçüp gitti. Bunda kuşkusuz onun yaşam enerjisini ve sağlığını erkenden tüketen yoksul ve sağlıksız yaşam şartlarının rolü büyüktür.

Aziz Nesin, kendisini çocukluğunda derinden etkileyen bu olayı, şiirinin şu dizelerinde, *Yirmialtı yaşındaydın yaşamadan öldün,* sözleriyle anlatıyor. Bu sözler, şiirde bir kez daha neredeyse aynen tekrarlanıyor. Sonra da, kendi annesinin kaderinden ayrılarak *Anneler artık yaşamadan ölmeyecek,* der ve genel anlamda "anneler"den, bütün dünyada benzer şartlarda yaşayıp, kendi annesi gibi ölen annelerden bahseder.

Aziz Nesin'in otobiyografik eserlerinden biri olan ve birkaç başlığı elinizdeki bu kitapta bulunan eserin adı bir program gibi *Böyle gelmiş böyle gitmez.* Aziz Nesin, yaşamı boyunca, geçmişte yaşadığı yoksulluk, hastalıklar, cehalet ve sömürü, insanlar üzerindeki dinî ve fanatik baskıların olmayacağı bir gelecek vizyonu için savaşım vermiştir, demek hiç de abartılı olmaz. Böyle bir dünya yerine, aydınlanma, eğitim, toplumsal, tıbbi, ekonomik ve politik ilerleme ve insana değer veren çağdaş bir yaşam başlamalı. Ancak o zaman kadınlar, uzun, mutlu ve tasasız bir yaşam şansı verilmeyen annesinin kaderine uğramayacaklardır.

Annemin anısına ile ilgili sorular

1. Aziz Nesin çocukluğunu geçirdiği evi kısaca anlatıyor. Senin yaşadığın evden farkı nedir sence?
2. Aziz Nesin'in annesinin yaşamını, ev işlerini nasıl yaptığını anlatıyor. Senin büyükanne ve büyükbabanın nasıl yaşadığını anlatır mısın?
3. Aziz Nesin annesini, en güzel annelerin güzeli olarak tanımlarken ne demek istiyor?
4. Aziz Nesin onbir yaşındayken annesini kaybediyor. Annesine en çok ne için minnettar?
5. Aziz Nesin iki kez annesinin yaşamadan öldüğünü söylüyor. Ne demek istediğini düşünebiliyor musun?
6. Sondan bir önceki dizede Aziz Nesin *böyle gelmiş ...*, derken ne demek istiyor? Kendi sözlerinle açıklar mısın?
7. Şiirin son dizesinde de *ama böyle gitmeyecek* diyor. Sence insanların, özellikle de kadınların yaşam şartları bugün önemli bir ölçüde düzelmiş mi, yani Aziz Nesin'in ümitleri gerçekleşmiş mi? Bu konuda ne biliyorsun?
8. Herhalde sen de, bütün dünyadaki kız ve kadınların yaşam ve meslek konusunda olanaklarının hâlâ yetersiz olduğunu duymuşsundur. Nedenlerini düşünebiliyor musun?
9. Kendi çevrendeki kız ve kadınların yaşam ve iş olanakları nasıl? Ailenle ve arkadaşlarınla bu konuyu tartışabilirsin!
10. Sen şu anda halen okula gidiyorsun. Hangi diplomayla mezun olmayı düşünüyorsun? Hangi eğitimi seçeceğin ve ilerdeki meslek hayatın konusunda tasarımların var mı?

Çiçek ile ilgili açıklamalar

Çiçek adlı kısa öyküde Aziz Nesin, annesinin okuma yazması olmayan ama ince ruhlu, sağduyulu bir kadın olduğundan bahsediyor.

Aziz Nesin, birgün annesi için bahçeden nasıl çiçek koparıp ona armağan ettiğini anlatıyor. Aziz Nesin'e, annesi buna sevinmiş gibi geliyor. Annesi, oğluna içinden belki de daha fazla çiçek koparmasını yasaklamak gelse de, sanki onunla birlikte daha çok çiçek koparmak istiyormuş gibi yapıyor. Ana-oğul bahçede konuşurken annesi *bu çiçekler de canlı... onların da canı var,* diyerek konuşmaya beklenmedik bir derinlik getiriyor. Çünkü *can,* hem *yaşam, ruh* ve *acı hisseden; canlı* ise*, hayatta, ruhlu, acı çekebilen bir yaratık* anlamlarında kullanılmış. Bu sözlerle anne çocuğuna doğanın karakterine yeni bir bakış açısı ve anlayışı getiriyor. Anne için önemli olan, iyi niyetle verilmiş bir armağan için teşekkürden ziyade, oğluna bilinçli olarak doğayı, yaşamı koruma sorumluluğu duygusu vermek, yani vicdanının gelişmesini sağlamaktır.

Hassas annenin doğal hisleriyle bakınca, nadiren, canlı, yaşayan ve hisseden bir yaratık olarak gördüğümüz bir bitki, birden çok değerli ve korunması gereken bir yaratık oluyor. Aziz Nesin'in bu ilk bakışta silik görünen çocukluk anısında, doğayı koruyup bakmak ve bütün yaratıklara, yani bitki, hayvan ve insanlara sevgi duymak, yaşayan herşeye empati, yaşama saygı duymak gibi düşünceleri inandırıcı bir şekle bürünüyor ve onu yaşamı boyunca etkiliyor. Nitekim de Aziz Nesin, *Çiçek* öyküsünü şu şükran duygularıyla bitiriyor: *Neyim varsa, iyi olan, her şeyimi anneme borçluyum. Annemin anısına* şiirinde de Aziz Nesin bu hislerini anlatır. On bir yaşındayken kaybettiği annesini şu güzel dizelerle anıyor: *Sevgi taşan bu yüreğimi sana borçluyum.*

Çiçek ile ilgili sorular

1. Aziz Nesin'in öyküsünde annesi hakkında birçok şey öğreniyoruz. Bu bilgiler içerisinde sence en önemlisi hangisi?
2. Aziz Nesin annesine bahçeden topladığı çiçekleri armağan ediyor. Anne bu armağanı nasıl karşılıyor?
3. Aziz Nesin, armağan ettiği çiçeklere annesinin çok sevineceğini düşünüyor. Annesi tekrar bahçeye gidip daha çok çiçek koparmayı önerdiğinde Aziz Nesin neler hisseder acaba?
4. Aziz Nesin ve annesi bahçede birbirleriyle sohbet ediyorlar. Annesinin dünya görüşü hakkında o neler öğreniyor?
5. Çiçeklerin önünde Aziz Nesin'in annesi onun bir karar vermesini istiyor. Hangi konuda karar vermesi gerektiğini anlatır mısın?
6. Aziz Nesin'in annesi, oğluna başka çiçek koparmasını yasaklayabilirdi ama bunu yapmıyor. Neden karar vermeyi çocuğuna bıraktığını açıklayabilir misin? Bu konuyu sınıfta arkadaşlarınla tartışabilirsin.
7. Sen de mutlaka yalnız başına bir karar vermek ve bunun sorumluluğunu üstlenmek zorunda kalmışsındır.
Böyle bir örnek verebilir misin?
8. Bugün dünyanın her yerinde insanların düşüncesizce doğaya zarar vererek çevre kurallarını hiçe saydıklarını herhalde sen de duymuşsundur. Birkaç örnek verebilir misin?
9. Bütün dünyada naylon poşetler ve sentetik paket folyoları kullanılıyor ve sonra da sorumsuzca yere atılıyor.
Bunun çevre açısından ne gibi sonuçlar doğuracağını düşünebiliyor musun?
10. Yaşadığımız toplumda hemen hemen bütün ihtiyaçlarımız aşırı bir bollukla karşılanabiliyor. Süpermarketlerde herşey gereğinden fazla sergileniyor ve satılıyor. Bunu gören biri, "Dünyada herşey bol bol var, çevreyi korumak adına, canlıları korumak ve yeraltı zenginliklerine itina göstermek ve onları kullanırken tutumlu olmak gerekmiyor!" diyenlere nasıl bir yanıt verebilirsin?

Babam ile ilgili açıklamalar

Babam şiirinin özel metin yapısı ve etkileyici resimler, Aziz Nesin ve babası arasındaki bağ ve ilişkinin çapraşıklığını gözler önüne seriyor.

Şiirin birinci ve 24. dizeleri birlikte bir çerçeve oluşturuyor. Kafiye teşkil eden *(benim) babamdır*, 5. dizede tek başına duruşuyla, babaya özel bir yer verildiğini gösteriyor. 15. ve 23. dizelerdeki *odur* ve *tek*'in çok kez tekrarlanması da, bu önemi vurguluyor.

Baba ve oğul arasındaki ilişkide derin farklılıklar vardı. Dinî ve düşün dünyalarının ne kadar ayrı olduğunu, Aziz Nesin'in *Niçin yazdım* adlı kısa öyküsündeki *Sanırım, babamla benim aramda en az üç yüzyıllık bir zaman boşluğu vardı,* sözlerinden anlıyoruz. Baba, düşün ve dinsel açıdan İslam'ın sıkı kuralları ve yıkılan Osmanlı İmparatorluğu'nun katı davranış yöntemlerine bağlıydı. Aziz Nesin aksine, dinsel ve toplumsal dayatmaları reddediyordu. *Babam* şiiri, 20. yüzyıl başından itibaren Türkiye'de yaşanan büyük değişimi yansıtıyor. Aziz Nesin, Osmanlı İmparatorluğu'nun yıkılışı ve Türkiye toplumunda Avrupai düşüncelerin etkisiyle ne gibi değişimler yaşandığını, babasıyla kendisi arasındaki kişisel anlaşmazlıkları örnek vererek anlatıyor. Tarihi süreçteki bu kopukluk, politik ve sosyal yapının yeniden inşası, eski ve yeni değer sistemlerinin ve dünya görüşlerinin yalnızca resmi yönetimde ve eğitim sisteminde değil, normal halkın sayısız ailelerinde de karşı karşıya gelip çatışmalara neden olmuştu.

Bu şiirin en az o kadar önemli başka bir yönü de var. Düşüncelerdeki bütün farklılıklara rağmen, baba ile oğlu bağlayan önemli bir şeyden bahsediyor. Dünya görüşlerindeki *düşmanlık* aşılmaz gibi görünse de karşılıklı sevgi dolu hoşgörü ve örnek teşkil eden anlaşma isteği, onların duygusal bağının temelini teşkil ediyor. Bunlar, her türlü düşünsel ve dinsel karşıtlığa rağmen, sonuçta çok daha ağırlıklıydı.

Babam şiirinde, Aziz Nesin bize, babasına duyduğu hayranlık ve minnetlarlığını hissettiriyor. Annesinin yanında, onun babası, oğlunun ender yeteneklerini anlayan ve ona çocukluğundan beri kendi kişiliğini bulmasına olanak tanıyan kişiydi onun gözünde.

Babam ile ilgili sorular

1. *Baba* sözcüğü şiirde altı kez tekrarlanıyor. Üç dizede de son sözcükle kafiye oluşturuyor. Aziz Nesin'in, şiirini neden bu şekilde düzenlediğini açıklayabilir misin?
2. Şiirde iki dize aynen tekrar edilmiş. Bu dizeler nerede? Aziz Nesin, dizeleri neden böyle sıralamış sence?
3. Aziz Nesin bize babasıyla kendisi hakkında çok çeşitli resimler sergiliyor. Bunlardan bazılarını söyleyebilir misin? Aziz Nesin acaba neden babasıyla kendisi hakkında bu görüşleri yazıyor?
4. Şiirde Aziz Nesin kendisinin, başı önünde, babasının yerişlerini dinlediğini yazıyor. Bu resimle Aziz Nesin okurlarına neyi anlatmak istiyor?
5. Sen de mutlaka kendi ailenden, arkadaş çevrenden ya da televizyondan yetişkinler önünde eğilmek, el öpmek geleneğini biliyorsundur. Bu geleneğin ne anlama geldiğini açıklar mısın?
6. İnsan ilişkileri çoğunlukla kişilerin birbirlerini reddetmeleri, kabul etmeleri, sevmeleri ya da birbirlerine katlanmaları şeklinde kendini gösteriyor. Şiirde sana, Aziz Nesin ve babasının birbirlerine sadece katlandıklarını ya da birbirlerini gerçekten sevdiklerini anlatan yerler var mı?
7. Senin de mutlaka biri tarafından kalbin kırılmıştır ve o kişiyi affetmen hiç te kolay olmamıştır. Böyle bir olay yaşayan taraflardan özellikle ne beklenir?
8. Aziz Nesin babasının ve kendisinin birbirlerini bağışlayabildiklerini söylüyor. Bu, ilişkileri açısından sence ne anlam ifade ediyor?
9. Aziz Nesin babasından bütün köklü farklılıklara rağmen *dünyaların en iyi babası benim babamdır* diye bahsediyor. Nedenlerini düşünebiliyor musun?
10. Kendi ailende de mutlaka bazı konularda, değer yargılarında ve davranış biçimlerinde fikir ayrılıkları vardır. Ailende böyle fikir ayrılıkları olduğunda nasıl bir çözüm yöntemi izleniyor, anlatabilir misin?

Bez çanta ile ilgili açıklamalar

Bez çanta adlı öykü, Aziz Nesin'in küçük bir öğrenciyken yaşadığı acı anılarını somut bir şekilde bize de yaşatıyor. Onun bir gün okuldan eve dönerken annesinin diktiği bez çantayı, kış soğuğunda nasıl kaybedip bulamadığını öğreniyoruz. Yoksul bir ailenin çocuğu olarak yalnız kendisinin değil, bütün ailesinin bir kaybı olarak algılıyor bu olayı.

Aziz Nesin'in bu olayı böyle ayrıntılı bir şekilde anlatmasının nedeni, gençliğinde bir çok insanın, kendisi ve ailesi dahil, yoksulluklarından ve kökenlerinden utandıklarını görmüş ve yaşamış olmasından kaynaklanıyor. Bu yüzden bu insanlar geçmişlerini, yaşamlarını, içinde bulundukları durumu güzelleştirerek toplumda daha fazla değer ve saygınlık kazanmak amacıyla hayal mahsulü öyküler uydururlardı. Gerçek durumlarını saklayacak yaldızlı paravanlarla hem kendilerini hem de başkalarını kandırıyorlardı. Aziz Nesin için önemli olan, babasının bu olayı ne şekilde anlattığıdır. Hem kendini hem de çevresindeki insanları, bu öyküyü anlatış tarzıyla öyle etkilemişti ki, onu dinleyenler ve hattâ kendisi bile bu anlattıklarının gerçek olduğuna inanmışlardı.

Aziz Nesin, yoksulluk ve dışlanmanın kişilik ve özdeğer gelişimini olumsuz etkilediğini kendi yaşamında da sıkça görmüştür. O, çocukluğunda ve gençliğinde yaşadığı olumsuzluklardan, ancak yazar olduktan sonra, kişilik ve özgüvenini geliştirerek, saygınlık kazanarak ve yoksulluktan kurtularak, kendini arındırabilmiştir.

Biz okurlar için önemli olan, Aziz Nesin'in bu deneyimlerinden ne gibi sonuçlar çıkardığıdır. O, kaçınılamayan yoksulluğun, insanları kendilerini suçlamaya, hattâ bu "özür" den dolayı aşağılık duygusuyla kendilerinden nefret etmeye kadar götürebildiğini anlamıştır. Ona göre insanlar, insanlara mal varlıklarına göre değer biçmeyi bırakıp insanlıklarını ve insanların toplum içindeki yerini, gerçek değerini görmelidirler.

Aziz Nesin, insanları gelir ve zenginliklerine, yani maddi durumlarına göre sınıflandıran değer sistemlerini içeren toplum düzenlerinin değişmesi gerektiğini savunuyor. Yoksul insanların çoğunlukta olduğu ülkelerde, asıl zenginlerin, kendi zenginliklerinden ve zenginliklerini yoksullarla paylaşmadıkları için utanmaları gerekir. Buna karşın yoksullar, içinden bütün çabalarına rağmen kaçıp kurtulamadıkları adaletsiz bir sistemde fakirliklerinden utanmamalılar.

Bez çanta ile ilgili sorular

1. *Bez çanta* öyküsünde Aziz Nesin ve ailesi hakkında neler öğreniyoruz?
2. Bu öyküde hangi olay büyük bir rol oynuyor?
3. Kaybolan bir okul çantası, bu aile için neden bu kadar önem taşıyor?
4. Aziz Nesin'in babası, bu olayı sonraları gerçekte olduğundan çok farklı anlatıyor. Bu anlatımda senin dikkatini çeken nedir? Aziz Nesin'in babası bu olayı neden gerçekte olduğu gibi anlatmıyor acaba?
5. Herhalde sen de, "gerçek yüzünü göstermek", "itibarını korumak", "saygınlığını kaybetmek" gibi deyimleri duymuşsundur. Bunların hangi anlama geldiğini biliyor musun ve sınıf arkadaşlarına açıklayabilir misin? Bu deyimleri onlarla birlikte de düşünebilirsin.
6. Mutlaka sen de bir kez, insanların kendilerini olduklarından başka gösterip, gerçek yüzlerini gösteremediklerini, ya da göstermek istemediklerini yaşamışsındır. Bu davranış için ne gibi nedenleri olduğunu anlayabilmiş miydin?
7. Metnin bir yerinde Aziz Nesin, yoksulluk ve zenginliği belirgin bir şekilde vurguluyor. *Yoksul ülkelerde zenginler, zenginliklerinden utansınlar* sözlerinden ne anlıyorsun?
8. Şu anda yaşadığımız toplumda da aşırı zenginlik yanında, aşırı yoksulluğa da rastlıyoruz. Buna örnekler verebilir misin?
9. Milyonlarca çocuğun okula gidemediğini ya da gönderilmediklerini duymuşsundur. Nedenlerini düşünebiliyor musun?
10. *Bez çanta* öyküsünde çok beğendiğin bir şey var mı? Varsa nedir? Bize anlatmak istiyor musun?

En anlamadığım ile ilgili açıklamalar

Bir insanın doğumu eşsizliğiyle, ölümü ise kaçınılmazlığıyla, herhalde her insanın yaşamında en önemli olaylardır. Her ikisi de hergün milyonlarca kez yaşanan, ancak şimdiye kadar hiç kimsenin, hiçbir zaman kendi deneyimlerini yazılı olarak açıklamadığı, bırakmadığı süreçlerdir.

Çok sayıda şiiri , Aziz Nesin'in, yaşamı boyunca ne kadar yoğun bir şekilde bu olaylarla meşgul olup, yeryüzündeyken ölümle nasıl bilinçli olarak karşılaşabileceğini ve bunu artakalanlara ne şekilde anlatabileceğini düşündüğünü ve bir çözüm yolu aradığını göstermektedir. **En anlamadığım** şiirinde okurları, çok kısa ve öz bir şekilde onun, 1987 Aralık ayında düşüncelerinde hangi noktaya geldiğini öğreniyorlar. İkişer dizeli ilk dört kıtasında Aziz Nesin, insanların hangi nedenle ve ne şekilde olursa olsun, kendi kendilerini ya da başka insanları öldürmeleri veya başka insanlar tarafından öldürülmelerine karşı kesin bir tavır ortaya koyuyor. Aziz Nesin son iki kıtada bir adım daha ileri giderek, okurları, hayatının en büyük sorununa getiriyor: İnsan kendi yaşamına ve davranışlarına, daha hayattayken hangi amacı ve anlamı verebilir, kendini ölüme nasıl hazırlayabilir, insan kendi ölümünü nasıl anlayabilir ve anlamını kavrayabilir, kendi ölüm olayını, yaşayanlara nasıl anlatabilir?

Aziz Nesin'in yaşam felsefesi, vakfı ve edebi eserleri, yeryüzünde onun için yalnızca, çalışarak yaşanan bir hayatın söz konusu olduğunu ve sadece insanlık yararına çalışmanın onu mutlu kıldığını gösteriyor. İster hastalıktan, ister yaşlılıktan, isterse de yaşam enerjisinin tükenmesinden olsun, ölmek, insanların yaratıcılıklarını geliştirmede kesin bir engel teşkil ediyor. Bu da, aynı zamanda akıl almayacak derecede çok deneyim ve gözlemlerin, yetenek ve bilginin bir insanın ölümüyle bütün insanlık için tamamiyle kaybolması demektir. Bu çıkmaz, Aziz Nesin'i yaşamı boyunca meşgul etmiştir. Onun durmak dinlenmek bilmeyen ussu ve dürüstlüğü, hiç kimseden, hele hele kendisinden hiç bir yanıt alamayacağını bildiği halde, yaşamın ve ölümün sırrını sormak zorunda bırakıyor onu. *En anlamadığım* şiirinin sonunda kavradığı: *En anlamadığım ölmek*. Ancak işte bu, Aziz Nesin için son söz olamaz. Bunu, yaşamının sonuna kadarki yıllarda durmadan yazdığı yeni şiirlerinde, ölmek zorunda olmanın kaçınılmazlığının onu ne kadar meşgul ettiğini görüyoruz: Örneğin, *En uzun maraton* şiirinde, ölümü usunda anlayabilmek ve ölümü, yaşam maratonunun sonundaki en büyük ödül olarak görmek için, ölümle yarışa ve ona direnmeye kadar götürüyor: *Yine ben olurum ilk göğüsleyen ölümü.*

Ölümünden birkaç yıl önce, 1992'de, Aziz Nesin *Ameliyat masası* adlı şiirinde yine ölümün tarifsizliğini çok özel bir şekilde anlatıyor. Orada şöyle diyor: *Asıl yazmak istediğin Hiç yazılmamış olanı yazmak Yaşamın en önemli olayıdır ölmek Ölmek bişey değil de Nasıl öldüğünü yazamazsın.* Gerçi Aziz Nesin, ölümü hayatının en büyük olayı olarak kabul ediyor. Ama ona görünüşte önemsiz bir yer vermesi biraz da yaşadığı hayal kırıklığından olsa gerek. Çünkü ölüm onun şiir sanatına, kendi ölümünü anlatma, belgeleme istemine boyun eğmiyor.

Ölümünden bir kaç hafta önce *Kendi sesini bulmak* şiirinde, onun için en önemli ve kesin saptaması: *... kendi sesini yitirmemek*. Onun artakalanlara, edebi eserleri şeklinde bıraktığı sesi *Kalsın diye dünyada*.

En anlamadığım **ile ilgili sorular**

1. Aziz Nesin, şiirinin birinci kıtasında, *kaza*'ları bir ölüm nedeni olarak yazıyor. Çoğu kez ölümle sonuçlanan durumlara birer örnek verebilir misin?
2. Aziz Nesin, *barışta* insanların insanları öldürmemesini istiyor. Bununla sence neyi kastediyor?
3. Aziz Nesin üçüncü kıtada, devlet tarafından verilen ölüm cezasına, yasal da olsa, karşı olduğunu yazıyor. Bunun için ne gibi nedenleri olabilir?
4. Dünyanın bir çok ülkesinde, yasaları yapanlar, ölüm cezasını yasama ve yürütme hakkını savunuyorlar. Onların ölüm cezasını savunma gerekçeleri ne olabilir?
5. Bazı insanların çeşitli nedenlerden dolayı, kendilerini öldürdüklerini, intihar ettiklerini biliyorsundur mutlaka. Aziz Nesin, *İnsan kendini öldürmesin, ... yavaş yavaş*, derken ne düşünüyor acaba?
6. Herhalde sınıf arkadaşların gibi sen de, çeşitli bulaşıcı hastalıklara karşı aşı olmuşsundur. Hangi hastalıklara karşı aşıyla korunduğunu biliyor musun?
7. Aşı olmayan ya da aşıyı reddeden bir çok insanın hastalanıp hattâ öldüğünü biliyorsundur. Sence aşıyla tamamen yok edilebilen hastalıklara karşı aşı, herkes için zorunlu olmalı mı?
8. Dünyanın birçok ülkesinde insanların yaşam süresinin gittikçe uzadığını sen de duymuşsundur. Aziz Nesin'in insanların *yaşlılıktan* da ölmemesini istemesini anlayabiliyor musun?
9. Acaba insanların, öldükten sonra da yaşamaya devam etmeleri mümkün müdür?
10. Şiirin son dizesine tekrar iyice bak! Aziz Nesin orada "ölüm"den değil de *ölmek*'ten bahsediyor. "Ölüm" ve "ölmek" kavramları arasında ne gibi farklar olduğunu grup çalışmasında bulmaya çalışın!

Son istek ile ilgili açıklamalar

Son istek adlı şiir, berrak yapısıyla dikkat çekiyor. Her yedi kıtanın sonundaki *değil*, ondan önceki dizelere tam bir tezat oluşturuyor. Her kıta özel bir durum sergiliyor: Aziz Nesin seçebilseydi, ölümünden sonra çocukların güzel güzel oynadığı çayırdaki çimen olurdu. Zehirli baldıran olmak istemiyor. Aziz Nesin, antik çağda devlet otoritelerinin, bu bitkinin zehriyle insanları öldürdüklerine işaret etmek istiyor. Sokrat, yaşamında kendini gençliğin eğitimine adamıştı. Zamanın Atina yöneticileri tarafından, gençliği kötü yönde etkilediği bahanesiyle ölüme mahkum edilmiş ve bir bardak baldıran zehirini içmeye zorlanmıştı. Aziz Nesin (de) her zaman kendini aydınlatıcı ve barışsever bir eğitimci ve insan dostu olarak görmüştür. Aziz Nesin, gerçi fikirleri ve davranışları yüzünden ölümle cezalandırılmamıştır, ancak gerici ve yobaz karşıtları ona birçok kez, öldürmek için suikast düzenlemiş; politik ve dinî otoriteler, durup durup yazılarına sansür koyarak yayınlanmasını yasaklamışlardır. O, iki yüzden fazla kez mahkemeye çıkarılmış ve yaşamının beş yılından fazlasını da cezaevlerinde geçirmeye zorlanmıştır.

Aziz Nesin vasiyetnamesinde, ölümünden sonra, *Çocuk Cenneti*'nin bilinmeyen bir yerine gömülmek istediğini yazmıştı. Mezarı, gerçekten de onu arzu ettiği yerde olup "onun çocukları" da, nerede gömülü olduğunu bilmeden orada oynamaktadırlar. Yalnız onun büyük umudu, silahsız ve askersiz barışçıl bir dünya, ne yazık ki bütün yeryüzünde olduğu gibi vatanında da gerçekleşmemiştir.

Aziz Nesin, çarpıcı bir tezat olarak, en son nefesiyle öttürmek istediği düdükle çalacağı küçük şarkıyı, politik tutuklu olarak cezaevlerinde yıllarca duyup itaat etmek zorunda kaldığı, kulakları tırmalayan emir düdüğünün karşısına getiriyor.

Resimsel bir anlatımla Aziz Nesin şiirinde, vücudunun, ölümünden sonra da bir işe yaramasını istiyor. Tuğlaya dönüşmüş şekliyle, daha sağken kitaplarının geliriyle *Çocuk Cenneti*'ni inşa ettirdiği gibi, okullarda kullanılarak, başladığı işe devam edebileceğini düşünüyor.

Aziz Nesin'in *Son istek*'i, onun pasifist ve barışçıl fikirlerini ve insan sevgisini açıkça ortaya koyuyor: Kalem olarak da, bir şairin elinde sevi üzerine şiirler yazmak istiyor, ama hiçbir zaman ölüm kararları değil. Önemli olan, insanların böyle sevgi ve barışçıl bir yaklaşımla birbirlerini anlamaları üzerine şiirlerin yazılması ve anlatılmak istenen özün, yerine ulaşmasıdır. Bu yüzden de Aziz Nesin çok açık bir şekilde, ölümünden sonra insanların onu belleklerinde, silahlarda yaşatmalarını istemediğini söylüyor. Onun yerine, defne ağaçlarının doğal bir parçası olarak canlı kalmayı ve hep yeşil olan yapraklarda yaşamı sürdürmeyi umuyor. Defne yaprakları sonuçta, onun hayat eserleri ve edebi önemine yaraşan, Antik çağdan beri seçkin kişilere ödül olarak verilen en büyük uzlaşma ve barış sembolüdür.

Son istek ile ilgili sorular

1. "Son istek" sence ne ifade ediyor?
2. Aziz Nesin *baldıran* olmak istememekle neyi anlatmak istiyor?
3. Aziz Nesin, *kaçan ve kovalayan askerler* resmiyle neyi kastetmiş olabilir?
4. Aziz Nesin, kerpiç, okul ve cezaevleri'ni, şiirinde hangi amaçla kullanıyor dersin?
5. *Düdük*, Aziz Nesin'e neyi anımsatıyor?
6. Ölümden sonra yaşayabilmenin ne gibi şekilleri olabilir? Düşünebiliyor musun?
7. Aziz Nesin, ölünce kesinlikle silahlarda yaşamak istemediğini söylüyor. Bununla neyi anlatmak istediğini söyleyebilir misin?
8. Defne yaprakları çeşitli şekillerde, örneğin mutfakta baharat olarak kullanılıyor. Aziz Nesin, ölünce *defne yapraklarında* yaşamak istiyor. Acaba bununla ne demek istiyor?
9. Aziz Nesin gömülmek istediği yeri şiirinde belirtiyor. Bu arzusu onun yaşam öyküsüyle ilgili olabilir mi?
10. *Son istek* şiirinde Aziz Nesin için çok önem taşıyan şeyleri, onu ne şekilde anımsamamızı istediğini kısa ve öz bir şekilde öğreniyoruz. Onun istek ve kararlarında seni çok etkileyen ya da şaşırtan bir şey var mı?

Anlamadığım ne çok şey var ile ilgili açıklamalar

Aziz Nesin, ***Anlamadığım ne çok şey var*** şiirinde, dünyada olup biten şeylerden çok azını bilip anladığını iddia ediyor. Aslında ondan, bilimsel bir dille bu konuyu ele alması beklenebilirdi. Ancak Aziz Nesin, kolay büyüyen, fazla bakım istemeyen ve Aziz Nesin'in yurdu için tipik ve herkesin bildiği kerestelik kavaklardan bahsediyor. İkisi de zamanında, görünüşte hemen hemen aynı şartlar altında yanyana dikilmiş. Biri, sağlıklı güzel bir ağaç olmuş, öbürü ise, *cılız ve kavruk* bir görünüm arz ediyor.

Aziz Nesin'in sanatı, basit, herkesin hergün gördüğü bu örnekle, önemsiz görünen birşeyi, daha ayrıntılı şekilde bir kez daha ele almaktır. Aziz Nesin, önemsiz görünen bir şeye odaklanarak, okurlarını daha duyarlı olmaya davet ediyor. Onların kafalarında, kişisel varoluşun anlamı ve amacı konularında sorular oluşmasını sağlıyor. Şiirin bazı yerlerine kasten bazı sürprizler işliyor. Örneğin son iki dizede *niçin* ve *için* kafiyeleri aynı zamanda bir soru ve yanıt denemesi olarak algılanabilir. Son dizedeki, ettirgen fiil *şaşırtmak* ile *belki* olasılık zarfının sıkı ilişkisi, metnin anlamını ve buna bağlı olarak çevirisini çeşitli seçeneklere açık bırakıyor. Örneğin Aziz Nesin bu durumu anlayamadığı için tamamen kafası karışmış, ne düşüneceğini bilmez bir halde kala mı kalmış? Bir sürprizle mi karşılaşmış? Bütün bunları anlayabilmek için bakış açısını değiştirmek ve yeniden düşünmek durumunda mı? (Almanca ve İngilizce çevirilerinde *şaşırtmak*, metnin genel temasına uygun birer sözcükle ifade edilmiştir.)

Kavak ağaçlarının kaderi, okurları alışılagelmiş zihni kalıpları terkedip mecazi anlamda insan yaşamının değişik görünümleri ve burada kendi rolü üzerine de düşünmeye zorluyor. Onun için önemli olan, yaşamın bize sunduğu şeyleri "nasıl" ve "niçin"lerle sorgulamaktır. Örneğin, neden hüzün ya da sevinç, başarı ya da yenilgi, zenginlik ya da fakirlik, sağlık ya da hastalık, mutluluk ya da mutsuzluk, övgü ya da yergi, sevgi ya da nefret, tek kelimeyle insanın yaşam olanakları bu kadar birbirine yakın ve bir o kadar da farklı oluyor? Bunu anlamak her birimiz için ne ifade ediyor?

***Anlamadığım ne çok şey var* ile ilgili sorular**

1. Aziz Nesin şiirinde iki kavak fidanından bahsediyor. Tipik bir kavağın görünümü nasıldır? Doğada ve internette arayabilirsin. Aziz Nesin, sence neden böyle sıradan ağaçlardan olan kavak ağaçlarını örnek alıyor?
2. Sen de bilirsin ki, aynı cinsten de olsalar, bitkiler farklı büyüyüp gelişiyorlar. Bitkilerin gelişimindeki önemli etkenleri söyleyebilir misin?
3. Sence Aziz Nesin şiirinde ilk planda gerçekten kavak ağaçlarının öyküsünden mi bahsetmek istiyor? Bu gelişim örneği, yaşamın başka bölümleri için de geçerli olabilir mi? Sence bu örnekle neye işaret etmek istiyor?
4. Ailenle birlikte belli bir semtte ve belli komşularla bir arada oturuyorsunuz. Acaba hangi nedenlerle oradasınız? Ailenin neden özellikle orada oturduğunu söyleyebilir misin?
5. Seninle ve kardeşlerin ya da arkadaşların arasında mutlaka büyük farklar vardır. Bazı farklılıkları ve nedenlerini bulup açıklayabilir misin?
6. Ailen içinde ya da tanıdıkların arasında, mutlaka sen de alışılmış dışında bir olaya şahit olmuş ve şaşkınlık yaşamışsındır. Böyle bir olaydan bahsedebilir misin?
7. Politikada sık sık toplumda "fırsat eşitliği"nden bahsedilir. Bunun ne anlama geldiğini söyleyebilir misin? Belki bir grup çalışmasında bunu açıklayabilirsiniz. Fırsat eşitliğinin, kendi okulunda nasıl sağlanmaya çalışıldığını bir örnekle açıklar mısın?
8. Okulunda mutlaka engelli öğrenciler de vardır. Bu dezavantajlı öğrencilere yönelik, onların başarılı olabilmeleri ve okul yaşamına katılabilmeleri amaçlı neler yapılıyor?
9. Yaşadığın ülkede, hâlâ toplumsal açıdan önemli farklılıklar bulunuyor. Buna örnekler verebilir ve bu farkların nereden kaynaklanabileceğini kendi bilgilerine dayanarak söyleyebilir misin?
10. Her insanın kendine özel ve bir çok etken tarafından şekillendirilmiş bir yaşam öyküsü vardır. Birkaç etken sayabilir misin? Bunların neden bu kadar önem taşıdığını açıklayabilir misin?

Böyle gelmiş böyle gitmez ile ilgili açıklamalar

Otobiyografisinin ***Böyle gelmiş böyle gitmez*** başlıklı bölümünde Aziz Nesin, kendisinin ve çağdaşlarının, doğdukları ortamın şartlarından ve geleneklerinden kurtulma zorluklarından bahsediyor.

Çok etkileyen somut bir anlatımla o zamanki yoksulluk, adaletsizlik ve cehalet bataklığından birçok insanın zorluklar içinde kurtulduğunu ve birçoğunun da yaşamını yitirdiğini anlatıyor. Aziz Nesin şu gerçeği vurguluyor: Geçmişte içinde bulunulan toplumsal yaşam şartları, kimin bir tesadüf eseri olarak kurtuluşu hattâ mutluluğu yakaladığını, kimin başarısız bir şekilde yaşamını ancak zar zor sağlayabildiğini ve kimin bu savaşımda hayatını kaybettiğini belirliyor.

Aziz Nesin bu kitabı yazdığında, genç Türkiye Cumhuriyeti oluşumunun henüz ilk aşamalarındaydı. Halkın çoğunluğu yoksul ve cahildi ve hergün bir yaşam savaşı veriyordu. Bir de bunun yanında çoğu, halkı sömüren, ekonomik açıdan başarılı ve politikada sözü geçen küçük bir kültürlü sınıf bulunuyordu.

Aziz Nesin, yoksul, cahil ve hemen hemen hiç bir hakkı olmayan bir tabakadan geliyordu. İyi bir tesadüf sonucu okula gidebilmiş, askeri okulda eğitim görmüş, Güzel Sanatlar Akademisi'nde okuyarak kendini yazarlık mesleğine hazırlayabilmiştir.

Aziz Nesin, kısa zamanda adil ve demokratik toplumun gelişmesini önleyen unsurların nerede olduğunu görmüştü. Kendisi, Türkiye'de Osmanlı Imparatorluğu'ndan kalma toplum düzenini hiç bir zaman kabul etmemiştir. Yaşadığı sürece sendikacı ve ezilenlerin avukatı olarak içinde bulundukları düzeni sürdürmek isteyen sömürücülerin ve fırsatçıların tam karşısında olmuştur. Aziz Nesin, öğretim ve meslek eğitiminde fırsat eşitliği, insani bir yaşam sürdürmek için yeterli ücret talebini savunmuştur. O, o güne kadar siyasal ve dinî baskı ve yaptırımlar, ekonomik sömürü ve yasal haksızlıklarla ezilmiş halkı için bütün demokratik hakların özgürce yaşanması, insan haklarının korunması savaşımını vermiştir.

Aziz Nesin, Osmanlı İmparatorluğu'nun çöküşünden sonra Batı demokrasilerinin idealleri doğrultusunda yeni bir Türkiye'yi inşa etmeye başlayanların en başında geliyordu. Burada Aziz Nesin'in gençlik yıllarında yazdığı metinden alınan kısmında da, net olarak onun halkın yanında yer aldığını görüyoruz. Bu yüzden o, kaderci bir atasözü olan "Böyle gelmiş böyle gider"i*, *Böyle gelmiş ama böyle gitmez!* şeklinde kendi yaşam felsefesi haline getirmiştir.

* bkz. *Giriş*

Böyle gelmiş böyle gitmez ile ilgili sorular

1. "Böyle gelmiş böyle gider" atasözünü belki duymuşsundur. Sence bu söz ne anlama geliyor?
2. Aziz Nesin'in metninden, bu atasözünü doğru ve iyi bulan ve kendi çıkarları için kullanan insanların olduğunu öğreniyoruz. Bunlar nasıl insanlardır ve neden böyle davranırlar acaba?
3. Aziz Nesin, *bataklık* diye tanımladığı toplumda bir çok insanın yaşamlarını yitirdiğini anlatıyor. Böyle bir resimle neyi anlatmak istiyor?
4. Aziz Nesin, kendisinin ölümcül *yoğun bataklıktan* zor kurtulduğunu yazıyor. Bununla yaşamının hangi bölümüne dikkat çekmek istiyor?
5. Aziz Nesin, metinde toplum için bir tehlike oluşturan insanları açıkça belirtiyor. Kimdir bunlar? Toplum için onun gözünde nasıl bir tehlike oluşturuyorlar?
6. Aziz Nesin, bazı insanların *İnsan yetenekli olur ve çalışırsa başarılı olabilir* diye iddia ettiklerini belirtiyor. Sen bunun yeterli olduğuna inanıyor musun, yoksa yerine getirilmesi gereken başka şartlar da var mıdır? Hangi şartlar olabilir, örnek verebilir misin?
7. Aziz Nesin insanların toplumdaki yerlerini belirlemek için katıldığı bir yarıştan bahsediyor. Bununla neyi kastediyor, açıklayabilir misin?
8. Bugünkü toplumumuzda "fırsat eşitliği" sık sık kullanılan bir terim. Kendi sözlerinle bunun ne anlama geldiğini anlatabilir misin?
9. Kendi okulun mutlaka her öğrenciye iyi bir eğitim ve öğretim vermek için eşit şans vermeye çalışıyordur. Okulunun, öğrencilere kaliteli bir eğitim sağlamak için neler yaptığı konusunda bir kaç örnek verebilir misin?
10. Kendini meslek eğitimine iyi bir şekilde hazırlayabilmen için senin neler yapman gerekir? Okulunun bu konuda hazırladığı ya da okul dışı olanaklardan yararlanıyor musun?

Uzun yolculuk ile ilgili açıklamalar

Şiirin oluşum nedeni aslında çok basit. 6 Ocak 1990'da Aziz Nesin odasında bu şiiri yazarken, sanki onun omuzu üzerinden eline bakıyor gibiyiz. Yetmiş beş yaşındaki şair, Ankara'daki odasında sobasının başında oturmuş, ısıtan doğal gazın alevinin dansını izliyor. Yorgun vücudu uyumak istiyor. Ancak yanan gazın oynayan mavi alevi onu büyülüyor, aynı zamanda da tedirgin ediyor. Dipdiri dimağı, onu, şimdi gözlemlediği şeyi, duygu ve düşüncelerini anında yazıya dökmeye zorluyor.

Olağan ve hattâ basit görünen şey, Aziz Nesin için özel bir olaya dönüşüyor. Tabii ki doğal gazın Sibirya'dan hangi yollardan ve ne kadar zamanda Türkiye'ye ulaştığını bilmek istiyordur. Ancak gazın bu kadar uzak bir bölgeden, daha ne kadar zaman geleceği, mavi alevin belki de bir gün sönebileceği ve onu artık ısıtmayacağı, ona rahatlık ve güven duygusu verip vermeyeceği gibi sorular da aklını kurcalamış olabilir.

O gece Ankara'da Aziz Nesin sorularına bir yanıt alamıyor. Ama, mavi alev onu meşgul etmeye devam ediyor. 18 Ocak 1990'da *Çocuk Cenneti*'ndeki evinde, eline kalemi alarak son birkaç dizeyi şiirine katıyor. Şairin sanatsal özgürlüğü, bize, iki hafta kadar önce, o soğuk gecede başlayan şiirin nasıl tamamlandığını yaşatıyor. Duyumsanan ve tasarlanan şeylerden, okurlarına oluşumunun zorluğunu ve bittiği andaki memnuniyeti hissettiren bir şiir oluşuyor. Bu demek değil ki, şiir bitince Aziz Nesin'i huzursuz eden tasaları da bitmiştir. Aksine, *mavi alevin uzun yolculuğu*'nun onu hâlâ uyutmadığını söylüyor. Bu da mavi alevin, zihnini meşgul etmeyi sürdüreceği anlamına geliyor.

Aziz Nesin, bu ilk bakışta sanatsal bir değer taşımıyormuş gibi görünen, sobası önünde oturan şairin, küçük sahnesi ile okurlarını, zamanımızın en önemli sorularını düşünmeye yöneltiyor: Biz insanlar, dünyanın, insanların yaşayabileceği bir gezegen olarak kalabilmesi için, yeryüzünün doğal kaynaklarını itinalı ve bilinçli bir şekilde nasıl kullanmamız gerektiğini düşünmeliyiz.

Aziz Nesin'in düşünceleri, bugün de hâlâ çeyrek yüzyıl öncesi gibi, güncelliğini korumaktadır!

***Uzun yolculuk* ile ilgili sorular**

1. Aziz Nesin, bu şiiri yazmaya Ocak 1990 başında, Ankara'daki odasında başlamış ve iki hafta sonra (İstanbul yakınında) Çatalca'daki evi *Çocuk Cenneti*'nde bitirmiştir. Bu zaman ve yerler, özellikle de *Çocuk Cenneti*, senin için bir şeyler ifade ediyor mu?
2. Şiirde Aziz Nesin'i gaz sobası önünde oturur görüyoruz. Çok yorgun ama alevi izlerken aklına, onu çok meşgul eden ve bu yüzden uyutmayan düşünceler geliyor. Neden bu denli huzursuz olduğunu düşünebiliyor musun?
3. Aziz Nesin şiirinde gazın uzun yolundan değil de, *uzun yolculuğu*'ndan bahsediyor. Bu fark, onun için önemli olsa gerek. Bu iki kavram arasında ne fark var sence?
4. Aziz Nesin, şiirini ancak ikinci kez ele aldığında bitiriyor. Acaba bu şiiri bitirmede çektiği zorluğu, neden okurlarıyla paylaşıyor?
5. Altıncı dizede *Bu şiir olmadı* ve onuncu dizede ise *Bu şiir oldu* gibi birbirine zıt iki cümle kullanıyor. Bu çelişkiyi açıklar mısın? Aziz Nesin neden sonunda *Oldu bu şiir*, diyor?
6. Bugün birçok insan, fosil yakıt olan taşkömür, doğalgaz ve akaryakıt ile ısınıyor. Bu yakıtları elde etme ve kullanmadan kaynaklanan problemleri sayabilir misin?
7. Çevremizin daha fazla kirlenmemesi için korunması gerektiği, her yerde savunuluyor. Çevre kirliliğini belgeleyen örnekler verebilir misin?
8. Çevreyi koruma ve doğal kaynaklarımızı akıllıca kullanma konusunda da bildiğin örnekler var mı?
9. Senin kendi ailende de çevre kirliliği konusu konuşuluyor mu? Sen şahsen, çevreyi korumak için nasıl bir katkıda bulunabilirsin?
10. Aziz Nesin şiirinde doğalgazın alevinin onu etkilediğini ve düşündürdüğünü yazıyor. Sen de, seni doğrudan ilgilendiren bir konu üzerine bir metin yazabilir misin?

Hayvanlardan alınacak ders ile ilgili açıklamalar

Hayvanlardan alınacak ders şiirini derinliğine incelediğimizde, altıncı kıta hariç, bütün kıtaların üçüncü dizesinde geniş zaman kipi kullanılmış. Bu da kısa bir anlatımla, alışılagelmiş bir davranış ya da herkesin bildiği bir durumu, bir gerçeği anlatmak için kullanılan bir zaman şeklidir.

Yalnız altıncı kıtanın üçüncü dizesi bu şekle uymuyor: Dilek-şart kipi, beklenti ya da istem, bir koşul belirtiyor ki, bunun bir anlamı olmalı.

Aziz Nesin, aynı cins hayvanların, karşılaştıklarında gösterdikleri tipik davranışlardan bahsediyor. Beşinci kıtada, belki biraz da abartılı olarak, bir çok ön yargıyla anılan yılanların bile birbirlerine dolanarak seviştiklerini söylüyor.

Aziz Nesin, kendi kanaatince, aynı cinsten olan hayvanların – insan soyunun tam tersine – normalde birbirlerine, öldürmek için ve planlı olarak saldırmadıklarını örneklerle anlatıyor; hayvanlar öldürürlerse, kaçınılmaz iç güdüleri doğrultusunda davranıyorlar demektir.

Altıncı ve sekizinci kıtalar, diğer kıtalardaki barışçıl ilişkilerin tam aksini gösteriyor. Aziz Nesin, neredeyse yeren, karamsar bir tonla, genelde iradesi ve aklıyla yaradılışın en üst yetenekleriyle bezenmiş kabul edilen insanın, bu aklını, hayvanların barışçıl birlikteliğini örnek alarak değil de, aksine kendi saldırganlığını planlı ve bilinçli bir şekilde, kendi cinsinden olanlara ve bütün doğaya karşı kullandığını ifade ediyor.

Aziz Nesin'in, koklaşan köpekler örneğini tekrar ele alması bizi şaşırtmıyor. Şiirin son sözcüğü olarak *dalaşmak* yüklemini seçiyor. Bunun anlamı: Birinin boğazına sarılarak (köpekler gibi) boğuşmak, bedenen ve sözle kavga etmek. Tabii ki Aziz Nesin, bu sözcüğün ifade ettiği anlamı gayet iyi biliyor; geniş zaman kipini kullanarak, saldırganlık içeren davranışların alışkanlık haline geldiğini ve insanlar için tipik olduğunu belirtmek istiyor.

Zamanımızda etrafımıza baktığımızda, insanlığın, saldırgan, planlı, bilinçli kullandıkları şiddet ve canilik yapmaya hazır davranışlarıyla insanlığı ne derece tehlike içine attığını görüp, Aziz Nesin'in ne kadar haklı olduğunu anlıyoruz. Aziz Nesin, derin üzüntüsünü ve insanlığın geleceği hakkındaki endişelerini, şu sitemiyle belirtiyor: İnsan soyundan olan *Nerde olursa olsun Birbiriyle dalaşır*.

Hayvanlardan alınacak ders ile ilgili sorular

1. Aziz Nesin şiirde insan ve hayvanlardan bahsediyor. Aziz Nesin'e göre, onlar yaradılış itibariyle hangi davranışlarıyla bir farklılık sergiliyorlar?
2. Şiirde diğerlerinden farklı iki kıta var. Bu kıtalarda odakta yer alan kimdir?
3. Şiirdeki bazı söylemlerde, hayvanlar arasında sanki hiç saldırganlık yokmuş gibi görünüyor. Aziz Nesin için, hayvanların birbiriyle olan ilişkilerinde önemli olan nedir?
4. Aziz Nesin, insanların genelde alışılagelmiş davranışlarını çok belirgin bir şekilde eleştiriyor. Toplumumuzda "saldırgan davranış" denince ne anlaşıldığını açıklar mısın?
5. Spor yarışmalarında fiziksel ve duygusal saldırganlık, bir yerde başarı için önemli birer unsurdur. Spor karşılaşmalarında kötü kavgaların çıkmaması için ne gereklidir?
6. Saldırganlık ve dikbaşlılık, Aziz Nesin için insan soyunun tipik özellikleriymiş gibi görünüyor. Aziz Nesin bu saptamayı böyle bırakıyor mu, yoksa bunun değişmesi için öneriler getiriyor mu?
7. Sen de mutlaka kendi deneyimlerinden olumlu ya da olumsuz diye nitelendirebileceğimiz davranışları bilirsin. Buna örnekler verebilir misin?
8. Okulunda, örneğin teneffüslerde, mutlaka saldırgan davranışlar oluyordur. Saldırganlığa karşı okulunda neler yapılıyor?
9. Uyuşmazlık durumunda her iki taraf için uygun bir çözümü bulmada yol gösteren eğitilmiş medyatöre "arabulucu" adı verilir. Okulunda böyle bir görev var mı? Sen de böyle bir görev üstlenmek ister misin?
10. Öğrenciler karnelerinde, dersteki durumlarına göre notlar alıyorlar. Yaşadığın ülkede davranışlar hakkında da karnede not ya da açıklamalara da yer veriliyor mu, verilmeli mi?

Biri inat biri sabır ile ilgili açıklamalar

Biri inat biri sabır şiirinin şekli, ilk bakışta çok basitmiş gibi görünüyor. Yalnız detaylı bir incelemede, yapıyı belirleyen kafiye şeması, sözcük ve cümle parçalarının planlı bir şekilde düzenlenmiş olması ve tekrarı, anlam veren fiillerle bilinçli bir şekilde oynanması dikkat çekiyor.

Bir anlamda *Biri inat biri sabır* şiiri, Aziz Nesin'in bütün çalışmaları için geçerlidir. Kendisini tümüyle çalışmaya vermiş, sanatsal becerilerinde olduğu gibi, aynı zamanda hem sosyal hem de edebiyat alanındaki fikirlerini gerçekleştirmede, kendisinden beklentileri çok yüksektir.

Ağaçkakan için delen *gaga*, su için devamlı düşen *damla*, gerekli ve uygun aletlerdir. Ağaçkakanın *inat*'la gagalayışı ve suyun *sabır*'la damlayışı, Aziz Nesin'e, çalışmalarında inandırıcı ve özendirici birer örnek oluyor. Soyut kavramlar olan inat ve sabır, ona kendi somut "aletleri" olan, savaşımcı *kalem*'i ve duygu dolu *gözyaşları*'nı çağrıştırıyor. O, bunlarla yeni bir sosyal ve etik değerler sisteminin oluşmasına katkıda bulunuyor.

Üçüncü kıtada şiirin tonu değişiyor. Aziz Nesin, metinde gözlemci rolünden çıkıyor, sosyal çatışmalar cephesine girip, sanki kendisi direnişe çağırıyor. Aziz Nesin'e göre, kendisinin ve hattâ her insanın doğal olarak, yaradılışından kaynaklanan, topluluğunu olumlu yönde geliştirme ve değiştirme görevi vardır. Bunu yaparken en zor şey de toplum gelişimini engelleyen, kemikleşmiş fikir ve katı duruşları, tabuları yıkmaktır.

Aziz Nesin'in yaşam öyküsünden, yaşadığı sürece, devlet otoritelerinin çok sayıda davalar açıp, onu yıllarca hapiste tutmalarına karşın, kendi inanç ve fikirlerini sonuna kadar savunduğunu öğreniyoruz. Belki de, kalem ya da gözyaşlarının, böyle kemikleşmiş tabular ve baskıcı, sömürücü sosyal güçlere karşı uygun araçlar olmadığı ve yetersiz kaldığı söylenebilir. Ancak onun dinlenmek bilmeyen *kalemi*'nin ve duygu dolu *gözyaşları*'nın, karşıtlarından daha güçlü olduğunu biliyoruz. Onun edebi eserleri ve sosyal girişimciliği kendisinin, hem ülkesinde hem de bütün dünyada tanınmasına neden olmuştur. Günümüze kadar o, aydın, adil ve insancıl bir toplum için savaşanlara güç ve cesaret veren başarılı bir örnek teşkil etmektedir.

Biri inat biri sabır ile ilgili sorular

1. Şiirde herhalde önemli oldukları için bir kaç kez tekrarlanmış sözcükler var. Üç kıtadaki bu sözcüklerden bir kaçını bul!
2. Şiirde birbirine benzerlikleriyle dikkat çeken bazı yerler var. Bunlardan bazılarını sapta!
3. *Gaga*, ağaçkakanın "aleti" ve *damlalar* ise suyun "aletleri" olarak belli sonuçlar yaratıyorlar. Etkilerini betimle!
4. Aziz Nesin için, ağaçkakan ve suyun önemi neden bu kadar büyük? Özellikle ağaçkakanı ve su damlalarını örnek olarak seçmesi sence nedendir?
5. Aziz Nesin'in yazar olarak kullandığı ne gibi aletleri, araç gereçleri var? Şiirde bunları belirtiyor mu?
6. Aziz Nesin, ağaçkakanla suyun yaptığı "iş" ile, yazar olarak kendi işinin ne gibi bir benzerliği olduğunu görüyor mu?
7. Şiirin sonunda *tabu* sözcüğü bulunuyor. "Tabu"nun anlamını biliyor musun? Buna bir örnek verebilir misin?
8. Bazı inanç topluluklarında uyulması gereken tabular vardır. Böyle bir tabudan bahseder misin?
9. Her insan topluluğunda korunması ve hiç kimsenin çiğnememesi gereken tabular vardır. Acaba mutlaka uyulması gereken bu tabular hangileridir ve neden onlara aykırı davranılamaz?
10. Şiirin son dizesinde *tabuları devir*, mesajı var. Acaba Aziz Nesin bu şiirini yazdığında hangi tabuları kastetmiş olabilir?

Niçin yazdım ile ilgili açıklamalar

Aziz Nesin yaşamı boyunca insanların toplumsal yeri, rolü ve belirli toplumsal sistemlerin insanlar ve toplum üzerinde ne gibi etkileri olduğu sorularına yanıtlar aramıştır. *Böyle gelmiş böyle gitmez* adlı otobiyografisinin **Niçin yazdım** bölümünde, toplumun hangi tabakasından geldiğimizi ve bunun bizim için ne demek olduğunu irdeliyor.

Sınıflar çatışmasının bu zor konusuna, Aziz Nesin, bizim seçtiğimiz metin kısmında bir sınıf arkadaşının ve kendi ailesinin yaşam öykülerini örnek vererek yaklaşıyor. Nitekim de Aziz Nesin'in milyoner olan bir sınıf arkadaşı, kendi yoksul ailesi ve gerçek kökeni hakkında yalan söyleyerek, zengin bir aileden geldiğini ve dedesinin bir Osmanlı paşası olduğunu anlatıyordu.

Aziz Nesin, kendi sosyal çevresinde ve kendi öz deneyimleriyle, halkın yoksul kesiminden gelerek ilkel şartlarda yetişmenin, utanç duyguları, aşağılık kompleksi ve aşağılık duyguları yaratabileceğini, insanları kendi kökenlerini, gerçek yaşam öykülerini ve hattâ özbenliklerini inkar etmeye kadar götürebildiğini görmüş ve kendi de bunu bizzat yaşamıştır.

Aziz Nesin de, kendi geçmişindeki aşağılayıcı yaşam şartları ve deneyimlerden kaynaklanan utançtan, aşağılık kompleksinden ve kendini küçük görme duygularından, ancak tanınmış bir yazar olduktan sonra kurtulabilmiştir. Aziz Nesin kendini ve çağdaşlarını, miras olarak aldıkları neredeyse kaçınılmaz yoksulluk durumu ile sonradan kazanılmış daha iyi yaşam şartları arasında ve geçmişin geleneksel düşünceleriyle şimdinin çağdaş düşüncesi arasında kalma sorunuyla karşı karşıya getirilmiş görüyor. Bu ikircimlik, kopuşluktan dolayı insanın kendi sosyal geçmişini ve aile kökenini tanıması ve kendi yaşam öyküsünü kabullenmesi gerektiğini savunuyor. Bu bilgi ve deneyimleri temel alarak özdeğer duygusu gelişmiş bir birey olmaya çalışmalıdır. Böyle bir insan olarak da, şimdiye kadar nasıl ve ne kadar bir yol aldığını, gelişiminin gelecekte hangi yöne doğru gitmesi gerektiğini ve bir birey olarak etken ve üretken bir şekilde, çağdaş ve özgür bir toplumun oluşmasına nasıl katkıda bulunabileceğini görebilir.

Aziz Nesin yazısını bu yüzden, bütün dünyadaki toplumsal, ekonomik ve politik gelişmeler dikkate alınırsa bugün daha da artan bir geçerlilikle tamamen net bir istemle bitiriyor. "Böyle gelmiş böyle gider."* atasözünü bir direniş sloganı haline getiriyor: *Böyle gelmiş, böyle gidecek değil, böyle gelmiş ama böyle gitmeyecek, gidemez!*

* bkz. Giriş

Niçin yazdım ile ilgili sorular

1. Aziz Nesin, birçok ailenin yaşam öykülerinin gerçek dışı ve hayal mahsulü olduğunu söylüyor. "Hayal mahsulü öykü"nün anlamını bir örnekle açıklayabilir misin?
2. Aziz Nesin'in sınıf arkadaşı, kökenini kendi ailesinden neden saklamış acaba?
3. Sen, herhalde yüz yılı geçen bir zaman öncesinde Osmanlı ordusunda paşa olmanın, toplumda ne anlama geldiğini bilmiyorsundur. Bu konuda bilgi edinmeye çalış ve açıkla!
4. Aziz Nesin, kendi yaşıtlarıyla ana babalarının kuşağının arasında *en az yüzyıl ya da iki yüzyıl* vardır, derken ne demek istiyor?
5. Babasıyla kendisi arasında ise üç yüzyıllık bir zaman boşluğu olduğunu söylüyor. Bunu açıklayabilir misin?
6. Aziz Nesin *Biz bir kopuşun çocuğuyuz*, derken ne demek istediğini anlayabiliyor musun?
7. İnsanın kendi geçmişini bilmesi ve geçmişini detaylı incelemesi önemli mi sence?
8. Aile çevrende ya da arkadaşların arasında mutlaka çok ilginç bir yaşam öyküsü olan birini tanıyorsundur. Önemli ve ilginç bulduğun yönü hangisi? Anlatabilir misin?
9. Aziz Nesin'in *Böyle gelmiş böyle gidecek değil, böyle gelmiş böyle gitmeyecek, gidemez*, sözlerini kendi sözcüklerinle açıklar mısın?
10. İnternet ve diğer kaynaklardan, Aziz Nesin'in çocuklara kendi yaşamından daha iyi yaşam ve eğitim olanakları sağlayabilmek için neler yaptığını araştır.

Türk-Yunan barışı ile ilgili açıklamalar

Türk-Yunan barışı adlı şiirde önemli yerler, kafiyeli sözcüklerle vurgulanmış. Örneğin, birinci ve dördüncü dizelerde *bizden* tekrarlanarak bugün yaşayan Türkler ve Yunanlılar'a hitap ediyor. Aziz Nesin, insanların barış içinde yaşamalarına kendi katkısını vicdani görev edindiği şiirsel sohbetinde her iki halka da sesleniyor.

Aziz Nesin'in *mavi, beyaz* ve *kırmızı*'yı bu ülkelerin adlarıyla aynı anda kullanması bir tesadüf değildir elbette. Yunan ve Türk bayraklarının renkleri mavi-beyaz ve kırmızı-beyazdır. Tarihsel miraslarının yükünü taşımak zorunda olan Yuanlılar ve Türkler, bayrakları altında artık ayrı ayrı durmayıp ilişkilerine birlikte ve birbirleri için yeni bir başlangıç getirmelidirler.

Konstantinopel'in (bugünkü İstanbul) alınmasından ve Bizans İmparatorluğu'nun çöküşünden sonra, Yunanistan üç yüzyıldan fazla Osmanlı İmparatorluğu'nun egemenliğinde kaldı. 1821'de Osmanlı egemenliğinden kurtulma savaşları başlamış, 1830'da Yunanistan'ın bir bağımsız monarşi olarak tanınmasıyla son bulmuştur. Birinci Dünya Savaşı'nda Osmanlı İmparatorluğu'nun yenilgisinden ve Türkiye Cumhuriyeti'nin kuruluşundan sonra, Avrupa'nın politik açıdan yeniden düzenlenmesi sürecinde hemen hemen bütün Yunanlılar memleketleri olan Türkiye'den, aynı zamanda bütün Türkler vatanları Yunanistan'dan göçe zorlanmış ve bu yeni ülkelerde yerleşmeye mecbur olmuşlardır. Yüzyıllar süren Osmanlı egemenliği ve 1. Dünya Savaşı'nın her iki halka travma yaşatan coğrafi ve politik sonuçları ve 1922/23 yıllarında Lozan Anlaşması'yla gerçekleşen mübadele (halkların değiş tokuşu), bu iki halkın ilişkilerini günümüze kadar etkilemiştir.

Arkadaş, eş, el, barış gibi sözcüklerin birçok kez tekrarlanması, Aziz Nesin için nelerin önem taşıdığını ve yaşamı boyunca onu meşgul ettiğini vurguluyor: Her iki halkın da, bugüne kadar yüzleşilmemiş tarihin ezici yükünü ve hâlâ varolan önyargılarını artık yok etmeleri gerekir. Şüphe, nefret ve reddetme, yerini, karşılıklı güvene dayalı bir birlikteliğe, kardeşlik ve barışa bırakmalı.

İki ülke gerçi onlarca yıldan beri Nato üyeleri olarak birlikte çalışıyor. Ancak, özellikle turizm dalında yoğun ekonomik rekabet, halen çözülememiş toprak istemleri, Kuzey Kıbrıs'ın statüsü ile ilgili anlaşmazlıklar, Türkiye'nin halen sürüncemede olan Avrupa Topluluğu tam üyeliği gibi sorunlar, bu problemlerin politik çözümünün bugün de hâlâ ne kadar zor olduğunu göstermektedir.

Sembolik bir şekilde uzanan *el* sözcüğünün şiirde üç kez yinelenmesi, çok açık bir şekilde ifade ediyor ki: Yunanlılar ve Türkler sadece sembolik bayram konuşmalarında anlaşma istediklerini söylemesinler. Bütün uyuşmazlık ve sınırlara rağmen, zaten coğrafya bakımından bu kadar yakın olan bu iki ülkenin insanları, iyi akrabalar gibi gerçekten içtenlikle ellerini birbirlerine uzatıp, dünyanın kendilerine ait olan bu parçasında, karşılıklı görüşme ve birbirlerini tanıma konusunda birlikte elele yarışırcasına çaba göstersinler. Bu anlamda da son iki dizede *yarış* ve *barış* sözcükleri, arka arkaya sıralanarak şiirin sonunu vurgulamıştır. Bu şiirin içeriğine göre yorumunda, *yarış* sözcüğü spordaki gibi, kazanma-kaybetme ile sonuçlanmayıp, ortak hedef *barış*'a birlikte koşmak ve erişmek anlamıyla ortaya çıkıyor.

Türk-Yunan barışı ile ilgili sorular

1. Aziz Nesin şiirinde Yunan ve Türk halkları arasındaki barıştan söz ediyor. Bu şiirinde, gerçekte hangi insanlara sesleniyor? Onu bu yönde motive eden unsurlar nelerdir?
2. Renklerin genelde kuvvetli bir sembolik karaktere sahip olduğunu biliyoruz. Aziz Nesin bu renklerden bahsederken neyi kastediyor?
3. Türkiye ve Yunanistan komşu iki ülke. Şiirde Aziz Nesin'in bu coğrafi durumdan bahsettiği yeri bulur musun? Bu konu üzerinde düşünmek önemli mi?
4. Aziz Nesin üstüne önemle basarak, Türk ve Yunanlılar'ın barış içinde yaşamaları gerektiğini vurguluyor. Aziz Nesin bu amacını anlatmak için ne gibi resimsel bir dile başvuruyor?
5. Sondan bir önceki dizede, Aziz Nesin, iki halk arasında bir *yarış*'tan ve *barış*'tan söz ediyor. Neden bu sembolik dili kullanıyor? Bunun Yunan tarihiyle bir bağlantısı olabilir mi?
6. Yunanistan ile Türkiye ilişkileri, bugüne kadar bazı tarihi olaylar ve anlaşmalarla belirlenmiş. Devletler arası hukuki anlaşmalar hakkında bir bilgin var mı? Tarih kitaplarında ve internette bu konuyu araştırabilirsin.
7. Aziz Nesin bu şiiri yıllar önce yazmış. Şu anda Türkiye ve Yunanistan, Aziz Nesin'in hayal ettiği iki halk arasındaki barışa yaklaşmış mıdır?
8. Kendi ailende, ya da tanıdıkların arasında, yirminci yüzyılın ilk çeyreğinde Türk-Yunan halklarınca yaşanan mübadeleden etkilenen biri var mı? Eğer varsa, biraz bundan bahseder misin?
9. Bir çok insan, tatil yapmak için Türkiye'ye ya da Yunanistan'a seyahat ediyor. Turizm yoluyla insanların birbirlerini daha iyi tanıyıp anlayacağını ve dünyanın barışçıl olacağını düşünüyor musun?
10. Yunanistan ve Türkiye NATO üyeleridir. Yunanistan Avrupa Birliği'ne dahil, ama Türkiye değil. Türkiye'nin Avrupa Birliği'ne alınması çalışmaları hangi safhada bulunuyor, bu konuda bir bilgin var mı?

Bu dünyanın sahibi olmak ile ilgili açıklamalar

Bu dünyanın sahibi olmak şiiri, Aziz Nesin'i yıllarca meşgul etmiş. O, dünyanın durumunun gittikçe kötüleştiğinin, evrenin tamamen mahvolma tehlikesiyle karşı karşıya olduğunun bilincindeydi. Şiirin ilk şeklini 1992'de İstanbul'da hastanedeyken yazmış. Orada bile dünya konusundaki endişeleri onu rahat bırakmamış. Son şeklini 1995'te ölümünden bir kaç ay önce, yine İstanbul'da hastanedeyken yazmış. Bu da, şiirde yazdığı sorunların onu nasıl bir şiddetle ve aralıksız meşgul ettiğinin göstergesidir.

İlk ve son iki kıtada, üstüne basarak tekrarladığı dizeleri, başla son arasında bir bağlantı oluşturarak şiirin iç yapısına şekil veren öğelerdir. Aziz Nesin, bu kıtalarda Tanrı'dan (Allah) bahsediyor ve onu bir büyük "O" harfi ile belirliyor.

Dünyadaki Yahudilik, Hristiyanlık ve İslam gibi çoğu dinlerde, tanrının yarattığı herşeyin korunması çok önemli bir konudur. İnanışa göre, tanrının yarattığı varlıklar, yine ona geri dönerler. Bu dinler, yaradılışın birliği temel varsayımından çıkarak, dünyadaki bütün yaratıkların uyumlu bir birlik oluşturduğuna inanırlar. Yaradılışın içerisinde olan insanın da, akıl ve yetenek sahibi olduğundan, bu birlik içerisinde diğer bütün yaratıklardan farklı bir yer almaktadır. Bu yetenekleri sayesinde kendi maddi gereksinmelerini karşılayabildiği gibi, ahlak kurallarına göre hüküm verir ve değer yargıları ve davranış kuralları geliştirebilir. İnsan dünyada, dünya ile, dünyadan ve dünya için yaşamaktadır. Dinler, insanın varoluş anlamını böyle açıklayarak, bundan da insanlığın doğadan sorumlu olduğu sonucunu çıkarıyorlar.

Zamanımızda, insanlar arasında, bu dinî varsayımın doğruluğu ve bağlayıcılığı hakkında evrensel bir anlaşma oluşamamaktadır. Gerçi birçok insan, bir ilahi gücün ya da tanrının evreni yarattığına inanıyorlar. Ancak hemen hemen dünyanın her yerinde insanlar, bu düşünceden hareketle, insanlığın değil de, bir ilahın ya da tanrının (Allah), kendine ait olduğu varsayılan evrenden sorumlu olduğunu düşünmektedirler. Evrenin korunması ve kollanması düşüncesi, endüstri ve teknik alandaki gelişmelerin evreni gittikçe değiştirmesiyle tehlikeye düşmektedir. Aziz Nesin, evrenin göz göre göre bozulmasının, yok edilme tehlikesiyle karşı karşıya olduğunun ve birçok insanın sorumluluk almak istememelerinin ve taşımaktan kaçındıklarının bilincindedir. Aziz Nesin, bu yüzden okurlarına, dünya görüşleri ne olursa olsun ya da bir dinî inanca sahip olsun olmasınlar, yedinci kıtanın birinci dizesinde üç kez *hayır, hayır, hayır,* diyerek kendi görüşünü açık bir şekilde önlerine koyuyor. Bütün bahane ve özürleri bir kenara iterek, bir ilahi gücü ya da tanrıyı dünyadan sorumlu tutmak isteyenlere net bir tavır koyuyor.

Aziz Nesin *Bu benim dünyam, O'nun değil. Benden sorulur, benden sorulur.,* derken bu acil çağırısını dünya halkının her bireyinin sorumluluk bilincine, vicdanına yöneltmiş olduğundan hareket edebiliriz. Doğum anından başlayarak her insan, dünyanın bir parçasını kullanma hakkını kendinde görüyor; her birey, üzerinde yaşadığı toprak parçasını, vatanı veya kendi malı olarak algılıyor. Bu da aslında bireyin, sahip çıktığı yer ve hattâ bütün dünya üzerinde yaşayan bitki, hayvan ve insanların korunmaları ve yaşamlarını sağlıklı bir şekilde sürdürebilmeleri için tüm sorumluluğu üstlenmesi gerektiği anlamına gelmelidir.

Bu dünyanın sahibi olmak ile ilgili sorular

1. Aziz Nesin bir çok resimsel örneklerle (imgelerle) şiirin anlamını ve görsel etkisini artırıyor. Bir kaç somut örnek verebilir misin?
2. Şiirde Aziz Nesin *Mehmet, Ahmet* ve *Ömer*'den bahsediyor. Neden o isimleri yazdığını söyleyebilir misin?
3. Aziz Nesin, *aptallar, korkaklar, ikiyüzlüler, hırsızlar, alçaklar* ve *namussuzlar*'dan bahsediyor. Aziz Nesin, onlardan da kendisinin sorumlu olduğunu acaba neden söylüyor?
4. Bir, yedi ve sekizinci kıtalarda özel bir dil ve içerik unsuru var. Bunu bulabilir ve bu kıtalarda kimden bahsedildiğini söyleyebilir misin?
5. Bir çok insan dünyayı tanrı (Allah) ya da tanrıların yarattığına ve dünyadan sorumlu olanın da tanrı olduğuna inanıyor. Şiirde Aziz Nesin'in de bu şekilde mi yoksa farklı mı düşündüğü hangi dizelerde görülüyor?
6. Çöp ayırma ve dönüştürme gittikçe önem kazanıyor. Bu kavramların anlamları nedir? İnternetten bu konuda bilgi edinebilirsin.
7. Kamuya ait çoğu binalarda artık sigara içilemiyor. Sence bu, çevreyi korumada etkili bir önlem midir?
8. İnsanlar tarafından okyanuslara atılan plastik çöpler denizlerde yaşayan hayvan ve bitkiler için büyük bir tehlike oluşturuyor. Bu tehlikeyi önleyebilmek için ne yapılması gerektiği konusunda bir fikir üretebilir misin?
9. Okulunda her gün bir sürü çöp oluşuyor. Mümkün olduğu kadar az çöp olması için senin katkın ne oluyor? Kaçınılmaz olan çöp sorunu okulunda nasıl çözülüyor?
10. Hemen hemen bütün büyük açık hava şenliklerinden sonra, etrafta çöp kutuları olduğu halde çevre çöplerle kaplanıyor. Bu davranışı anlıyabiliyor musun? Böyle durumları önleyebilmek için önerilerin var mı?

Söyleşi ile ilgili açıklamalar

Aziz Nesin, *Böyle gelmiş böyle gitmez* otobiyografisindeki **Söyleşi** bölümünde, mesleğinin ilk zamanlarında vatanında gördüğü sömürücü, baskıcı ve antidemokratik düzene nasıl karşı durduğunu ve Türkiye'deki toplum düzeninin kalıcı değişimini samimiyetle istediğini öğreniyoruz. Gazeteci ve yazar olarak sık sık, Türkiye'nin çağdaş, demokratik düzenlenmiş bir hukuk devleti olma çabasını engellemeye çalışan, gerici politik görüşlerle ve baskıcı, dinci kuvvetlerle karşı karşıya kalmıştır. Politik görüşleri yüzünden yıllarca hapishanelerde tutuklu kalmasına rağmen, alıntı yaptığı metin kısmında biraz da alaycı bir şekilde bahsettiği gibi, karşıtlarının, onun *küçük, güdük bir kalemine* direnemediklerini saptıyor. Aziz Nesin, sonuçta, takipçilerinden daha dirençli olduğunu, özellikle mizah yazılarında, onları gülünç duruma düşürerek ispat etmiştir.

Dünya savaşlarından sonra bir çok devlet, çok zor mali ve ekonomik krize girmiştir. Avrupa'da ülkelerin politik ve ekonomik düzeni konusunda solcu, tutucu, milliyetçi ve faşist kuvvetlerin birbirleriyle savaşımı, gittikçe şiddetlenen bir şekil almıştı.

Aziz Nesin'in yaşam deneyimleri, onu, kendisi gibi yoksul, haksızlığa uğramış ve ümitsiz geçmişinden, ancak dayanılmaz acı ve yokluk çekerek kurtulabilmiş insanların bulunduğu toplumsal yeri almaya zorlamıştır. O, açık ve net bir şekilde, kendi yaşam öyküsünün onu bir sosyalist yaptığını vurguluyor, haksızlığa ve sömürüye uğrayanların sınıfında yer aldığını söylüyor.

Gerçek sosyalizmin gerekçesi olarak Aziz Nesin, her zaman halkına olan minnet borcunu ödemek zorunda olduğuna inanıyordu. Eserlerinin satışından elde ettiği geliri, bu yüzden, kendisi için harcamadı. Hümanist inancı doğrultusunda 1972'de Nesin Vakfı'nı kurdu. Bütün emeğini ve varlığını *Çocuk Cenneti* adlı çocuk yurdunun inşasına, korunmasına ve bakımına yatırdı. *Çocuk Cenneti*'nde büyüme ve yetişme şansını elde eden çocuklar, büyük bir olasılıkla yaşamlarını belirleyen yoksul, haklarından mahrum, yetersiz eğitim olanakları olan ve bakımdan yoksun bir yaşam sürdürmekten kurtuluyorlar.

Söyleşi ile ilgili sorular

1. Aziz Nesin, genç yazarken yaşadığı olayları metninde anlatıyor. Hangi deneyimleri onu, sosyalist, solcu olmaya yöneltmiştir?
2. Sosyalist ya da solcu kavramlarından ne anlıyorsun? Açıklayabilir misin? Kitaplardan ve internetten bilgi alabilirsin.
3. Politikada sıklıkla toplumsal sınıftan bahsediliyor. Aziz Nesin, toplumun *üst sınıfına* dahil olan insanlar hakkında ne söylüyor? Aziz Nesin, bu "üst sınıf" insanları hakkındaki bu düşünceleriyle neyi açıklamak istiyor?
4. Aziz Nesin metinde, gelecek nesiller için savaşacağını söylüyor. Aziz Nesin bununla ne demek istiyor? Belki arkadaşlarınla iyi bir açıklama bulabilirsiniz.
5. Aziz Nesin'in bahsettiği tutuklanma, İstanbul'da, yetişkinken ve bir gazeteci olarak çalışırken olmuş. Aziz Nesin, *yaramaz bir çocuğun akibetine uğramış*, sayıyor kendini. Neden bu şekilde bir benzetme yapıyor acaba?
6. Aziz Nesin resimsel bir şekilde, karşıtlarını, kendilerini arıbeyi sanan eşek arılarına ve kendisini de o kovana parmağını sokarak rahatsız eden biri olarak benzetme yapıyor. Bir arıbeyinin

görevini ve eşek arılarının bir kovandaki işlevlerini biliyor musun? İnternetten ve kitaplardan yararlanabilirsin. Aziz Nesin'in, karşıtları ile kendisinin çatışmasını anlatmak için neden böyle bir benzetme yapıyor, tahmin eder misin? Bu benzetmede Aziz Nesin, rakiplerini nasıl değerlendiriyor? Onu takip edenlerle olan karşılaşmadan neler öğreniyor?

7. Aziz Nesin okurlarına, *küçük, güdük bir kalem* yüzünden karşıtları tarafından saldırıya uğradığını anlatıyor. Bir sembol olan "kalem"in anlamı sence ne olabilir?
8. Aziz Nesin, yaşam deneyimlerinden önemli sonuçlar çıkarmış ve onları vakfının *Çocuk Cenneti*'nde uygulamıştır. Genç neslin yaşamasını istemediği şeyler neydi ve onların gelecekte nasıl yetişmelerini tahayyül ediyordu?
9. Aziz Nesin, yaşam deneyimlerini ve yıllarca önce yazmış olduğu istemlerini bize anlatıyor. Bu istemleri bugünkü toplumumuza da uyar mı ve gerçekleşebilirler mi?
10. Aziz Nesin, deneyimlerini ve öğrendiklerini, okurlarının kendi yaşamları için de bir şeyler öğrenebilmeleri, ders alabilmeleri düşüncesiyle de yazmıştı. Aziz Nesin'in metinde okuduğumuz deneyimlerinden seni çok etkileyen ve senin kendi yaşamın için de öğrenebileceğin herhangi bir şey var mı?

Şarkılar ile ilgili açıklamalar

Şarkılar başlığı, bu kısa şiirde nasıl bir dramın saklı olduğunu göstermiyor. Başlangıçta, okurlara görünüşte saf bir şekilde, şarkıların genel olarak kaderinin ne olduğu anlatılıyor: Beğenilirse, çok söylenir, her yere ulaşır ve çok uzun bir zaman unutulmazlar. Beğenilmedikleri taktirde, çabucak unutululur, çünkü pek söylenmez ve çok yayılmazlar.

Şiirde *şarkılar* sözcüğü, beşinci tekrarlamada bilinçli olarak *Benim şarkılarım*'a dönüşüyor. İşte bu sözcüğün tekrarı ve değişimi, bu şiire özel bir görünüm veriyor.

Aziz Nesin, onlarca yıl önce *şarkılar* diye adlandırdığı eleştirel yazılarında, özellikle de gülmecelerinde devletin politik yöneticilerini eleştirmiştir. Onlar, o zamanlar onun aydınlatıcı, halk tarafından duyulup anlaşılan, şehir ve köylerde tanınıp, halk şarkıları gibi yayılmış *şarkıları*'nın yayınlanmasına izin vermiyorlardı.

Bu şiir 1965'te "soğuk harp" denilen dönemde yazılmıştır. Türkiye, NATO'nun önemli bir üyesi olarak büyük ölçüde etkileniyordu. Türkiyenin bu topluluktaki rolü, o zamanki politik yaşamda devamlı tartışma konusu oluyordu. Aziz Nesin bu tartışmalarda dimdik, net savaş karşıtı (pasifist) bir tavır sergiliyor ve bu yüzden politik baskılara maruz kalıyordu.

Son iki mısra, okurlara, devlet otoritelerinin, Aziz Nesin'in yazılarını yasakladığını ve bu yüzden *şarkıları*'nın onun içinde kalmak zorunda olduklarını anlatıyor. Aziz Nesin, *şarkıları*'nı söylettirmediklerini çok kısa şekilde anlatırken, onun derin öfkesini ve hüsranını hissediyoruz. Yasaklara rağmen onun, şiirini yayınlaması, aynı zamanda düşünce ve ifade özgürlüğüne karşı olanlara savaş açtığını açıkça göstermektedir.

Şarkılar ile ilgili sorular

1. Aziz Nesin, şarkıların kaderini açıklıyor. Yaşadığın yerde, uzun zamandır söylenen ve yayılmış şarkılara örnekler verebilir misin?
2. Bazı şarkıların, insan toplumlarında uzun zaman kalıcı olduğunu, bazen de kısa süre sonra neden yine unutulduklarını düşünebiliyor musun?
3. Şarkı adı verilen ve değişik tarzlarda söylenen bir çok metin bulunuyor. Bazı şekillerine bir örnek verebilir misin?
4. Aziz Nesin daha yaşarken büyük bir yazar ve şair olarak tanınmıştı. Ama o bir şarkıcı değildi. Metinlerinden *benim şarkılarım* şeklinde bahsederken ne demek istiyor?
5. Aziz Nesin *söyletilmeyen şarkılar*'ından bahsediyor. Bununla ne demek istediğini açıklamaya çalış!
6. Aziz Nesin her zaman özgür düşünme ve konuşma hakkını savundu ve bu yüzden devlet otoritelerinin takibine maruz kaldı. Onun hangi sonuçlara katlanmak zorunda kaldığını öğrenmek için ne yapabilirsin?
7. Bugün de bir çok insanın fikir ve inançları yüzünden kendi ülkelerinden kaçmak zorunda kaldıklarını sen de mutlaka duymuşsundur. Birkaç örnek verebilir misin?
8. Neden birçok ülkenin yönetenleri, özgür düşünce ve ifade hakkını savunan ve kullanan insanları takibe alıyor sence?
9. Dünyanın bir çok ülkesinde düşünce ve ifade özgürlüğü, anayasalarında temel bir hak olarak geçiyor. Başka hangi haklar temel haklara giriyor? Örnekler vererek açıkla!
10. Senin için, kendi fikir ve inancına göre özgür yaşayabilmen önemli mi? Neden?

Böyle bir dünya ile ilgili açıklamalar

Böyle bir dünya adlı şiirin başlığı olan yarım cümle, şiirde bulunan bütün sorulara verilmiş peşin bir yanıtı andırıyor. Aziz Nesin, az ama belirgin çizgilerle bir toplumun resmini, kendi kanısınca, insanlığa tümüyle ağır bir şekilde sıkıntı veren kurum ve değer sistemleriyle birlikte çiziyor. Aynı zamanda bunun karşıtı bir vizyon geliştirerek, okurları adeta pozisyon almaya çağırıyor.

Ancak şu soruyu da kendimize sormamız gerekir: Mal varlıklarını çoğaltma ve yaşam sınırlarını savunmada birbirleriyle yarışan insan toplulukları, hangi şartlarda fiziki ve psikolojik baskı ve şiddet uygulamadan, barış içinde yaşayabilirler? İnsan topluluklarının yaşamasının temelinde, ta eskiden beri iş bölümü ve takas (parasız ticaret) yatmaktadır. Bugünkü dünyada, birbiriyle çok sıkı kenetlenmiş ve birbirine bağımlı sosyal ve ekonomik yapıda, parasal ticaretin bankalar olmadan işleyebilmesi tartışmaya açılmalıdır. Fuhuşun, zamanımızda, gerçekten sosyal yapının ve duygusal ilişkilerin bozukluğundan mı kaynaklandığı, yoksa eski zamanlardan beri insanlık birlikteliğinin olmazsa olmaz doğal ihtiyacının bir göstergesi mi olduğu kesin bir şekilde söylenemez. Bu bağlamda en büyük problemler, ekonomik, politik ve dinî kurumların söz sahibi olan yetkililerinin, insanların kendi kişiliklerini, yeteneklerini geliştirebilmelerinde ve inançlarını serbestçe yaşayabilmelerinde hangi rolü oynadıklarından kaynaklanıyor. Onların koyduğu yasaklar, kontrol ve cezaların insan özgürlüklerini ne derece kısıtladığı, son derece önem kazanıyor.

Son dört dize büyük bir önem taşıyor: Aziz Nesin okurlarına, stil bakımından çok yoğunlaştırılmış şekilde, kendi yaşadığı gerçek dünya ile, insanlık için umut ederek çizdiği dünya vizyonunu karşı karşıya getiriyor. Sadece altı sözcükten oluşan son üç dizede, Aziz Nesin, katı sosyal kontrolü, ırkçı ayrımcılığı, alçaltıcı yasakları, diktatörlük yasalarını, dinî dayatmaları, keyfi tutuklamaları, politik baskıyı vb ... damıtarak, hepsini *zincir, kelepçe, yasak* sözcüklerinde toplamıştır. Bunların karşısına sendikal grev hakkı, politik çalışma, toplanma ve konuşma, kendi yaşamını belirleme, özgürce eş seçimi haklarını, kısacası, *düşünceler, sözler ve sevi* gibi temel insan haklarını özgürce yaşayabilmeyi getiriyor.

Sonuçta okurlarında, toplumsal tasarımların ne anlama geldiği, hangi amaç doğrultusunda hangi etkiler yaratabileceği ve Aziz Nesin'in sergilediği haksızlık, takip ve şiddetin olduğu bir dünya resminin yerinde olup olmadığı ve barışçıl ve adil bir dünya vizyonunun gerçekleşebilir olup olmadığı soruları beliriyor. Aziz Nesin'in aklında şekillendirdiği bir başka dünyanın gerçek olmaktan çok uzak ve ütopik olup, ciddiye alınamayacağı savunulabilir belki de. Ancak yaşadığı tarih ve sendikal çalışmaları temelinde, mesleğinde yaşadığı kısıtlamalar, gördüğü politik takip ve demokrasiye olan inancı ile büyük insan sevgisi doğrultusunda, kendisi, nasıl bir dünya yaratmak gerektiği konusunda hiç bir şüpheye yer vermiyor.

Böyle bir dünya ile ilgili sorular

1. Aziz Nesin şiirinde, toplum yaşamını büyük ölçüde etkileyen kurumlardan bahsediyor. Bunlardan bir kaçını sayabilir misin?
2. Normalde askerler cephede savaşır. Şiirde onların görevi bambaşka. Şiirde bahsedilen, kışlalarda konuşlanmış askerlerin görevi nedir?
3. Aziz Nesin bu sözlerle okurlarına neyi anlatmak istiyor? Aziz Nesin'in düşüncesine göre bankalar, kışlalar ve hapishaneler bir toplum için büyük birer problem teşkil ediyor. Bir toplumun bankasız, polissiz ve askersiz ve de hapishanesiz nasıl işleyebileceğini düşünebiliyor musun?
4. *Düdüksüz*'den *savaşsız* sözcüklerinin olduğu dizeleri içeren beş dizede, insan topluluklarının şekilleri tasvir ediliyor. Sen, örneğin bir tatil gezisinde insanların mutlu olduğu bir grup içinde bulundun mu? Bu insanlar arasında neler hissettin?
5. Şiirde Aziz Nesin büyük harfli *O'lar*dan bahsediyor. (Literatürde çoğu zaman, kamu oyunda önemli bir rol oynayan şahsiyetlerden ya da tanrı [Allah] ya da tanrılardan bahsederken büyük harfler kullanılır: *O, Onlar.*) Aziz Nesin, *O' lar*dan bahsederken kimi/ kimleri kastetmiş olabilir?
6. Aziz Nesin, hayalindeki dünyada neden O'ların olmamasını istiyor?
7. Aziz Nesin okurlarına, *Sizlerin biz, bizlerin hepimiz olduğu bir dünya* dizelerinde nasıl bir toplum istediğini anlatıyor. Bu vizyonunu kendi sözcüklerinle açıklar mısın?
8. *Düşünceleri zincire vurmak, sözlere kelepçe takmak, seviyi yasaklamak* gibi sözlerin anlamını kavrıyor musun? Bu tür yasaklara kendinden örnekler verebilir ve açıklayabilir misin?
9. Aziz Nesin'in insanlık topluluğumuz hakkındaki bu eleştirel düşünceleri sence yerinde mi? Belki sen bunu paylaşmıyorsundur. Kendi fikrini gerekçeler göstererek açıkla!
10. İçinde yaşadığın toplum, doğayı korumak, insancıl ve barışçıl bir toplum olmak için çaba sarfediyor. Kendi gözlemlerine dayanarak, bu çabaların başarılı olduğu bir kaç örnek verebilir misin?

Aziz Nesin'in yaşam öyküsü

(Foto: Emine Ceylan)

Aziz Nesin'in yaşam öyküsü

Aziz Nesin, 20 Aralık 1915 tarihinde toplumun yoksul, dindar ve tutucu kesiminden gelen bir ailenin çocuğu olarak doğdu. Esas ismi Mehmet Nusret idi. Aziz Nesin adını ilkin takma ad, sonra da gerçek isim olarak kullanmış.
Aziz'in birçok anlamından bazıları: Sevilen, değerli, ender, onurlu, erdemli, yıkılmayan...
Nesin'in anlamı: Sen nesin? Söylendikçe, o kendini aramak, bulmak istemiş.
Aziz Nesin çok büyük bir şans eseri okula gidebilmiş, İstanbul Kuleli Askeri Lisesi, Ankara'daki Harp Akademisi ve İstanbul Güzel Sanatlar Akademisi'nde okumuş, subaylıktan ayrıldıktan sonra gazete ve köşe yazarlığı, redaktör ve yayımcı, yazar ve şair olarak çalışmıştı. Aziz Nesin, gazetelerde çok sayıda toplumsal ve politik köşe yazıları, sahne oyunları, kısa öyküler, roman ve şiirler yazdı; özellikle de gülmeceleriyle Türkiye'nin en çok beğenilen ve dünyaca tanınan yazarlarından biri oldu. Aynı zamanda ona, politik ve köktendinci kesimlerden çok sayıda karşı gelenler de vardı.
Şimdiye kadar 140'tan fazla eseri yayınlanıp, 40'dan fazlası yabancı dillere, bunların 20'den fazlası da Almancaya çevrildi.
Aziz Nesin, gazeteci ve sendikacı olarak yeniliklere açık ve demokratik Kemalist Türkiye Cumhuriyeti'nin inşasını destekledi. O, kendini işçi sınıfına dahil görerek, özellikle emekçi halkın haklarını savunup, eğitim ve sosyal gelişimleri için savaşarak, onların bağımsız bireyler olabilmeleri için çalıştı. Aziz Nesin, yaşamı boyunca din ve dünya görüşü konusunda bütün insanların serbest olduğunu, insanların seçimlerinin kabul edilip saygı duyulması gerektiğini savunuyordu. O, her zaman köktendinciliğe ve dinin politik amaçlara alet edilmesine net bir şekilde karşı gelmiştir. 1993 yılında, dinci fanatiklerin, Sivas'taki bir oteli kundaklaması sonucu 37 insanın canice öldürüldüğü bu saldırıda, Aziz Nesin zor şartlar altında kurtarılabildi.
İnsan hakları konusunda ödün vermeden savaşımı yüzünden, onlarca yıl boyunca devlet otoritelerinin takibine uğradı. 200'den fazla duruşmaya çıktı, beş yıldan uzun bir zaman cezaevlerinde yattı.

Dünyanın birçok ülkesine seyahat etti. Çoğu ülkelerde savaş karşıtı ve halkların barışı konusundaki düşünce ve çalışmaları ve büyük edebi eserleri nedeniyle ödüller ve onurlar aldı.

Aziz Nesin yaşadığı sürece kendini toplumuna borçlu hissetmiş ve borcunu ödemek istemişti. Hayatının idealini gerçekleştirmek ve teşekkür borcunu ödemek için 1972'de hümanist düşüncelerini gerçekleştirdiği *Nesin Vakfı*'nı kurdu. Çatalca yakınındaki *Çocuk Cenneti* ile bir çiftlik, İstanbul'daki *Nesin Yayınevi* ve oğlu Ali Nesin'in Şirince'de kurduğu *Matematik* ve *Felsefe Köyleri* de vakfa aittir.

1984'ten beri *Çocuk Cenneti*, yoksul ve eğitime muhtaç bir çok çocuk ve gencin büyük bir aile olarak her türlü gereksinimlerini karşılayan ve Aziz Nesin'in pedagojik ilkeleri doğrultusunda çalışan bir yuva olmuştur. Bu çocuklar, Çatalca'da devlet okullarına gidiyorlar. *Çocuk Cenneti*'nde meslek eğitimlerini ya da yüksek öğrenimlerini bitirene dek ve kendi ayakları üzerinde durabilene kadar yaşıyorlar.

Aziz Nesin 6 Temmuz 1995'te hayata gözlerini yumdu. O, ölümünden sonra da "çocukları"na yakın olmak istiyordu. Bu yüzden *Çocuk Cenneti* bahçesinin bilinmeyen bir yerine gömüldü. Bugün, *Son istek* şiirinde *Üstümde çocuklar koşuşsun* şeklinde arzuladığı gibi, çocukları o bahçede oynamaktadırlar.

Aziz Nesin'in eğitim konusunda vasiyetnamesi*

Nesin Vakfı *Çocuk Cenneti* çocukları için ilkeler

1. Vakıf çocuklarımın üretmen olmalarını istiyorum.
   Vakıf çocuklarımın, yeteneklerine göre yapıcı, kurucu ve yaratıcı üretmenler olacak biçimde eğitilmelerini istiyorum.
2. Vakıf çocuklarımın dünyaya, insanlara, olaylara eleştirel gözle bakmalarını istiyorum.

3. Vakıf çocuklarımın cezasız yetişmelerini istiyorum. Vakıf çocuklarımın, benden sonra da cezasız yetiştirilmelerini diliyorum.
4. Nesin Vakfında yasak yoktur.
5. Çocukların şımarma hakları olmalıdır.
6. Nesin Vakfı çocukları toplumsal borçlarının ne olduğunu öğrenmelidirler.
7. Nesin Vakfı çocuklarımın kendilerini sevmelerini, kendilerini severek ve kendilerine değer vererek yetişmelerini istiyorum.
8. Nesin Vakfı çocuklarımın kendi aşağılık duygularını tanıyarak onu yenmelerini ve kendi aşağılık duygularından itici güç olarak yararlanmalarını istiyorum.
9. Nesin Vakfı çocuklarımın uygar insanlar olarak yetişmelerini istiyorum.
10. Nesin Vakfı çocuklarımın, tarihsel gelişim doğrultusunda, kendilerinden başlayarak, çevrelerini, ortamlarını, başkalarını ve dünyalarını değiştirme çabası içinde olmalarını ve böyle yetiştirilmelerini istiyorum.
11. Nesin Vakfı çocuklarımın "korkudan korku" dediğim sinircel korkudan (neurotic korku-nevrotique korku) kurtulmalarını ve uzak yaşamalarını istiyorum.
12. Nesin Vakfı çocuklarımın, yaşama atılınca sevdikleri işi yapmalarını diliyorum.
13. Nesin Vakfı çocuklarımın özgün düşün ve davranışlı olmaları için çalışıyorum.
14. Nesin Vakfı çocuklarımın zengin imgelemleri olmasını, büyük düşlemler kurmasını istiyorum.
15. Nesin Vakfı çocuklarıma öğretmek istediğim çok yalın birşey var: Yaşam, bir savaşımdır.

(Bu ilkelerin yazılı olduğu tabelalar, *Çocuk Cenneti*'nin giriş holünde asılıdır.)

* Korkudan Korkmak (1988)

Hinweise und Fragen zu den Gedichten und Geschichten

Hinweise zu *An meine Kinder*

Die Sprache des Gedichts **An meine Kinder** ist so natürlich und persönlich, dass man förmlich glaubt, Aziz Nesin gegenüber zu sitzen und ihm beim Reden zuzuhören. In höchst anschaulichen Bildern stellt Aziz Nesin Situationen dar, die jeder Leserin und jedem Leser, auch und gerade Kindern und Jugendlichen, aus eigener täglicher Lebenspraxis gut bekannt sind. Eine Lebenslage, nämlich die im Kerker (Gefängnis), kennen die meisten von ihnen allerdings nur theoretisch. Aziz Nesin spricht dennoch von ihr aus eigener jahrelanger Erfahrung.

Aziz Nesin, der sein pädagogisches Konzept im *Kinderparadies* konkret verwirklichte, spricht im Gedicht von *seinen Kindern*. Diese Kinder und Jugendlichen der neuen Generation sind seine große Hoffnung.

Aziz Nesin fordert sie gemäß seiner fortschrittlichen erzieherischen Vorstellungen ausdrücklich auf, jede sich bietende Situation schöpferisch zu nutzen und dem eigenständigen Denken und Handeln den größtmöglichen Raum zu geben.

Sie sollen ihre eigenen Anschauungen vertreten und unbeirrbar ihre beruflichen Fähigkeiten und Lebensentwürfe in die Tat umsetzen, ganz gleich, wie die Umwelt darauf reagiert.

Doch es geht Aziz Nesin nicht darum, ihnen Wege zu zeigen, wie sie in einer Welt, die von ökonomischer Konkurrenz geprägt ist, ihre Mitbewerberinnen und Mitbewerber am besten verdrängen, an die Spitze gelangen und sich dort durchsetzen können. Vielmehr sollen sie zu ihrem eigenen Vergnügen und zugleich zum Nutzen der Gesellschaft, aus der sie kommen, sich Zeit nehmen, um über sich selber nachzudenken, um sich selbst zu erkennen und um zu zeigen, was in ihnen steckt. Denn dieses selbstverantwortete Denken und Handeln trägt dazu bei, die eigene Persönlichkeit zu formen; Unerwartetes auszuprobieren, Großes zu tun und mitzuhelfen, eine menschenfreundliche, kreative, friedliche Gesellschaft zu entwickeln. Die jungen Menschen sind daher Aziz Nesin für die Entwicklung ihres Landes so besonders wichtig, weil sie mit ihren Visionen, ihrem Mut, ihrer Kraft und ihrer Unverbrauchtheit die Chance und auch die Aufgabe haben, ihre Gesellschaft schöpferisch zu verändern.

Die Kinder und Jugendlichen, die in Aziz Nesins Stiftung *Kinderparadies* leben, genießen wirklich und wissen ganz genau, welches Glück es bedeutet, gerade dort aufwachsen zu dürfen. Sie sind dort nicht den Zwängen überholter Erziehung, geistiger Einengung und Autoritätshörigkeit ausgeliefert, die Aziz Nesin selbst noch in seiner Jugendzeit erleiden musste.

Mit seinem schönen Sprachspiel am Ende seines Gedichts ermutigt er *seine Kinder* und damit alle jungen Leserinnen und Leser der Welt. Sinngemäß übersetzt lautet der letzte Satz: *Alles, was etwas taugt, entsteht aus dem, was zuerst und eigentlich für untauglich gehalten wird.*

Fragen zu *An meine Kinder*

1. Im Gedicht spricht Aziz Nesin in erster Linie „seine Kinder" an. Können Erwachsene sich auch angesprochen fühlen?
2. Aziz Nesin zeigt Kinder in sehr verschiedenen Situationen. Worauf kommt es Aziz Nesin vermutlich an, wenn er die Kinder in diesen Situationen darstellt?
3. Bist du selbst schon einmal in ähnlichen Situationen gewesen wie denen, die Aziz Nesin aufzeigt? Kannst du uns davon berichten?
4. Heute beweisen junge Menschen auf vielen Feldern ihre besonderen Fähigkeiten und Fertigkeiten. Was kannst du besonders gut und was tust du am liebsten?
5. Aziz Nesin spricht in der vierten Strophe vom *Kerker* (Gefängnis). Warum vermutlich spricht er davon in seinem Gedicht, das er ja Kindern widmet?
6. In den Strophen sechs und sieben verändert Aziz Nesin seine Ansprache. Du findest die Schlüsselwörter dazu in der zweiten Zeile der sechsten und in der ersten Zeile der siebten Strophe. Was vermutest du, bezweckt Aziz Nesin durch diesen Unterschied?
7. Aziz Nesin spricht vom *intensiven Denken* und vom *grenzenlosen Träumen*. Du nimmst dir sicher auch Zeit zum Nachdenken und Träumen. An was denkst du oft und von was träumst du am liebsten?
8. Du hast vielleicht schon die Erfahrung gemacht, dass es sehr unterschiedliche Vorstellungen und Ziele über die Kinder- und Jugenderziehung gibt. Welche Erziehungsvorstellungen gelten in deiner Schule?
9. Als deine Eltern heranwuchsen, herrschten andere Lebensbedingungen und Erziehungsvorstellungen als du sie heute kennst. Daraus ergeben sich vermutlich in deiner Familie manchmal Meinungsverschiedenheiten. Welche Themen können zu Auseinandersetzungen führen?
10. Wichtige Forderungen in unserer Gesellschaft sind heute, beruflich höchste Leistungen zu bringen und an die soziale Spitze zu kommen. Was meinst du, wie Aziz Nesin darüber denken würde?

Hinweise zu *Zum Gedenken an meine Mutter*

Im Flugzeug auf dem Weg von Taschkent nach Moskau schrieb Aziz Nesin 1965 das Gedicht **Zum Gedenken an meine Mutter**. Er war fünfzig Jahre alt, als er seiner Mutter dieses wundervolle Denkmal setzte und dankbar daran erinnerte, dass sie es war, die ihm durch ihr Verhalten und ihr Wesen die Gabe der Nächstenliebe, die Fähigkeit zum Lieben schenkte.

Aziz Nesin vermittelt in diesem Text ein sehr anschauliches Bild der Lebensbedingungen seiner Eltern. Vor hundert Jahren gehörten sie zur Masse der ärmsten Leute in der Türkei. Vor allem seine Mutter, die ja den Haushalt führen musste, hatte mit wirtschaftlichen, hygienischen und klimatischen Verhältnissen zu kämpfen, die wir uns heute kaum noch vorstellen können.

Als dreizehnjähriges Mädchen wurde seine Mutter verheiratet und bekam schon mit fünfzehn Jahren ihren Sohn Mehmet Nusret. Er sagte einmal ironisch, seine Eltern hätten ihm damals keinen passenderen Namen als Nusret, das heißt Gottes Hilfe, geben können, da seine Familie zu jener Zeit größter Armut zum Überleben buchstäblich auf Gottes Beistand angewiesen gewesen sei. Später nannte er sich selbst Aziz Nesin. Die junge Mutter, die mehrere ihrer Kinder verlor, starb schon mit nur sechsundzwanzig Jahren, sicherlich nicht zuletzt wegen der Belastungen und Lebensumstände, die ihre Kräfte und ihre Gesundheit vorzeitig aufgezehrt hatten.

An dieses Ereignis, das Aziz Nesin in seiner Kindheit tief beeindruckte, erinnert er in den Zeilen *Mit sechsundzwanzig bist du gestorben, ohne je gelebt zu haben*. Gezielt taucht im Gedicht dieser Gedanke fast wörtlich noch einmal auf. Er weist aber dann, gleichsam als Hoffnung auf eine bessere Zukunft, über das Schicksal seiner Mutter hinaus: *Die Mütter werden jetzt nicht mehr sterben, ohne je gelebt zu haben*. Bewusst spricht Aziz Nesin hier ganz allgemein von "den Müttern", meint damit also alle Mütter, die auf der ganzen Welt immer noch wegen ähnlicher Verhältnisse sterben müssen wie damals seine Mutter.

Eines der autobiografischen Werke Aziz Nesins, aus dem auch einige Auszüge in diesem Buch enthalten sind, trägt den programmatischen Titel *So war das zwar, aber so geht das nicht mehr weiter*. Es ist nicht übertrieben zu sagen, dass Aziz Nesin sein ganzes Leben für seine Zukunftsvision kämpfte, die elenden Zustände der Vergangenheit, Armut und Krankheiten, Unwissenheit und Ausbeutung, traditionelle Bevormundung und religiösen Zwang, soziale Entrechtung und politische Unterdrückung von Menschen abzuschaffen. Er forderte an ihrer Stelle Aufklärung und Erziehung, gesellschaftlichen, medizinischen, ökonomischen und politischen Fortschritt und ein zeitgemäßes menschenwürdiges Leben. Dies werde, so hoffte Aziz Nesin, den Frauen das Schicksal ersparen, unter dem seine Mutter litt und das ihr nie die Chance bot, sich eines langen, unbeschwerten und glücklichen Lebens erfreuen zu dürfen.

Fragen zu *Zum Gedenken an meine Mutter*

1. Aziz Nesin beschreibt im Gedicht in wenigen Zügen sein Elternhaus. Wodurch unterscheidet es sich von deinem eigenen Zuhause?
2. Aziz Nesin erzählt, unter welchen Bedingungen seine Mutter lebte und den Haushalt führen musste. Kannst du davon berichten, wie deine Großeltern leben oder gelebt haben?
3. Was will Aziz Nesin damit sagen, dass er seine Mutter die allerschönste Mutter aller Mütter nennt?
4. Aziz Nesin verlor seine Mutter schon als Elfjähriger. Für welches Erbe ist er ihr besonders dankbar?
5. Aziz Nesin sagt zweimal, seine Mutter sei gestorben, ohne je gelebt zu haben. Kannst du erklären, was er damit meint?
6. In der vorletzten Zeile des Gedichtes sagt Aziz Nesin *So war das zwar ...* Er spielt damit an auf die Lebensbedingungen seiner Eltern, insbesondere seiner Mutter. Kannst du mit deinen eigenen Worten sagen, welche Lebensumstände er damit meint?
7. In der letzten Zeile des Gedichtes heißt es *Aber so geht das nicht mehr weiter*. Meinst du, dass sich inzwischen die Lebensbedingungen der Menschen, besonders die der Frauen, verbessert haben, also die Hoffnungen Aziz Nesins verwirklicht worden sind? Kannst du Beispiele dafür nennen?
8. Du hast sicher schon davon gehört, dass die Berufsmöglichkeiten und die Arbeitsbedingungen für Mädchen und Frauen in vielen Ländern der Welt noch immer sehr schlecht sind. Kannst du dir vorstellen, woran dies liegt?
9. Wie siehst du die heutigen Lebens- und Arbeitsbedingungen für Mädchen und Frauen in deinem Umfeld? Sprichst du darüber mit deiner Familie und deinen Bekannten?
10. Du gehst zur Zeit noch zur Schule. Welchen Abschluss strebst du an? Welche Vorstellungen hast du über deine anschließende Ausbildung und deine spätere berufliche Arbeit?

Hinweise zu *Die Blume*

In der kleinen Geschichte **Die Blume** berichtet Aziz Nesin davon, dass seine Mutter eine Frau war, die weder lesen noch schreiben konnte, die aber feinfühlig war und das besaß, was man allgemein als gesunden Menschenverstand bezeichnet.

Aziz Nesin erzählt auch davon, wie er eines Tages im Garten Blumen pflückt und seiner Mutter als Geschenk bringt. Wie es Aziz Nesin erscheint, freut sich seine Mutter darüber. Obwohl sie aber ihrem Sohn am liebsten verbieten würde, weitere Blumen zu pflücken, tut sie so, als ob sie mit ihm noch andere Blumen pflücken wolle. Mutter und Sohn unterhalten sich im Garten und die Mutter verleiht dem Gespräch mit dem Satz *Diese Blumen leben, sie haben auch eine Seele...* eine unerwartete Tiefe, denn im Originaltext können zu gleicher Zeit das Nomen *can* als *Leben, Seele* und *Schmerzgefühl;* das Adjektiv *canlı* als *lebendig, beseelt* und *schmerzempfindlich* verstanden werden. Die Mutter eröffnet ihrem Kind durch ihre Bemerkung neue, umfassendere Einsichten in das Wesen der Natur. Es geht ihr nicht mehr in erster Linie um Anerkennung für ein von ihrem Sohn gutgemeintes Geschenk, sondern ganz bewusst um einen Appell an das Gewissen ihres jungen

Sohnes, um die Entwicklung des Gefühls der Liebe und der Verantwortung für den Erhalt der Natur, damit des Lebens selbst.

Betrachtet mit dem natürlichen Empfinden der sensiblen Mutter wird unversehens aus einer Pflanze, bei der man gemeinhin selten an etwas Lebendiges oder gar Beseeltes denkt, ein Lebewesen, das besonders kostbar und schützenswert ist. Die Vorstellung der Pflege und des Schutzes der Natur und der Liebe für Pflanzen, Tiere und Menschen, also der Empathie, der Achtung und der Ehrfurcht vor dem Leben, gewinnt überzeugend Gestalt in diesem unscheinbaren Ereignis seiner Kindheit, das Aziz Nesin für sein ganzes Leben prägt. Bezeichnenderweise endet die Geschichte *Die Blume* mit dem dankbaren Bekenntnis Aziz Nesins: *Alles, was ich an Gutem in mir habe, verdanke ich meiner Mutter.* Auch in seinem Gedicht *Zum Gedenken an meine Mutter* spricht Aziz Nesin eben diese Empfindung an. Er erinnert sich seiner Mutter, die ihm schon durch den Tod entrissen wurde, als er erst elf Jahre alt war, mit den schönen Worten *Mein Herz, so übervoll von Liebe, verdanke ich dir.*

Fragen zu *Die Blume*

1. Wir erfahren in Aziz Nesins Geschichte einiges über seine Mutter. Welche der Informationen, die du bekommst, erscheint dir als die wichtigste?
2. Aziz Nesin schenkt seiner Mutter Blumen, die er im Garten gepflückt hat. Wie reagiert sie auf dieses Geschenk?
3. Aziz Nesin hat den Eindruck, mit dem Blumenstrauß seiner Mutter eine besondere Freude zu machen. Kannst du dir vorstellen, was Aziz Nesin fühlt, als seine Mutter ihm vorschlägt, noch mehr Blumen zu pflücken?
4. Aziz Nesin und seine Mutter führen im Garten ein Gespräch mit einander. Was erfährt er von ihr darüber, wie sie die Welt sieht?
5. Vor den Blumen veranlasst Aziz Nesins Mutter ihn, eine Entscheidung zu treffen. Beschreibe, vor welche Entscheidung er gestellt ist!

6. Aziz Nesins Mutter könnte ihrem Sohn das Blumenpflücken einfach verbieten, aber das macht sie nicht. Kannst du Gründe nennen, warum sie ihrem Kind die Entscheidung überlässt? Du kannst mit deinen Mitschülerinnen und Mitschülern diese Frage diskutieren.
7. Du hast bestimmt schon einmal vor einer schwierigen Entscheidung gestanden, die du ganz allein verantworten musstest. Kannst du dazu ein Beispiel geben?
8. Du hast sicher schon davon gehört, dass überall auf der Welt Menschen ohne Rücksicht auf die Natur den Umweltschutz missachten. Kannst du ein paar Beispiele dafür nennen?
9. In aller Welt werden riesige Mengen von Einkaufsbeuteln und Verpackungsfolien aus Kunststoff verwendet und nach dem Gebrauch gedankenlos weggeworfen. Kannst du dir vorstellen, was das für die Umwelt bedeutet?
10. Jeder Besuch in einem Supermarkt zeigt, dass in unserer Gesellschaft fast alle Dinge des täglichen Bedarfs im Überfluss produziert und zum Verbrauch angeboten werden. Es gibt Menschen, die daher sagen: „Auf der Welt ist alles in Hülle und Fülle vorhanden. Es ist doch nicht mehr nötig, zur Erhaltung und zum Schutz unserer Umwelt sorgsam und sparsam umzugehen mit den Lebewesen und Rohstoffen unserer Erde!". Wie könntest du darauf antworten, wenn jemand diese Meinung vertritt?

Hinweise zu *Mein Vater*

Im Gedicht **Mein Vater** führen uns viele besondere Textstrukturen und ausdrucksstarke Bilder die komplexen Beziehungen vor Augen, die das Verhältnis zwischen Aziz Nesin und seinem Vater prägten.

Die Zeilen 1 und 24 des Gedichtes bilden gleichsam einen Rahmen, dessen Reimwort *(das ist mein) Vater* zusätzlich allein in Zeile 5 steht und durch seine isolierte Stellung dem Vater einen besonders bedeutenden Platz zuweist.

Das Reimwort *(das ist) er* der Zeilen 15 und 23 und auch die mehrfache Wiederholung des Wortes *einzig, allein* unterstreichen dies noch.

In der Beziehung zwischen Vater und Sohn gab es tiefe Gegensätze. Wie unterschiedlich ihre religiösen und geistigen Welten waren, zeigt auch das Zitat aus Aziz Nesins Text *Was mich zum Schreiben brachte: Ich denke, dass zwischen meinem Vater und mir eine Zeitspanne von mindestens drei Jahrhunderten klaffte.* Der Vater war geistig und religiös in den strikten Vorschriften des Islam und den starren Verhaltensnormen der untergehenden osmanischen Gesellschaftsordnung zu Hause. Aziz Nesin hingegen lehnte religiösen und gesellschaftlichen Zwang ab. Das Gedicht *Mein Vater* reflektiert den enormen Wandel, der sich seit Beginn des 20. Jahrhunderts in der Türkei vollzog. Es zeigt beispielhaft in der persönlichen Auseinandersetzung Aziz Nesins mit seinem Vater, welche Änderungen für die Gesellschaft der Türkei der Zusammenbruch des Osmanischen Reiches und der Einfluss europäischen Denkens mit sich brachte. Dieser Bruch in der historischen Kontinuität, diese Neugestaltung politischer und sozialer Strukturen bedeutete den Zusammenprall alter und neuer Wertsysteme und Weltanschauungen nicht nur in der offiziellen Verwaltung oder im staatlichen Bildungswesen, sondern eben auch in unzähligen Familien des einfachen Volkes.

Das Gedicht hat aber darüber hinaus noch eine mindestens ebenso wichtige andere Facette. Es spricht zu uns von etwas Wichtigem, was trotz aller Verschiedenheit im Denken Vater und Sohn verband. Ihre weltanschauliche Unterschiedlichkeit erschien unüberbrückbar zu sein. Beidseitige liebevolle Toleranz, unbedingtes gegenseitiges Vertrauen und beispielhafte Verständigungsbereitschaft bildeten jedoch die Grundlage ihrer emotionalen Verbundenheit. Sie erwiesen sich letzten Endes stärker als jede Form geistiger oder religiöser Gegnerschaft.

Im Gedicht *Mein Vater* lässt uns Aziz Nesin seine Bewunderung und Dankbarkeit gegenüber seinem Vater spüren. In seinen Augen war er es, neben seiner Mutter, der die einzigartigen Fähigkeiten seines Sohnes erkannte und ihn schon als Kind seine eigenen Wege gehen ließ.

Fragen zu *Mein Vater*

1. Das Wort *Vater* kommt im Text sechsmal vor. In drei Zeilen bildet es sogar den Endreim. Kannst du dir vorstellen, warum Aziz Nesin das Gedicht so gestaltet hat?
2. Im Text werden zwei Zeilen wörtlich wiederholt. Wo finden sich diese Zeilen? Hast du eine Vermutung, warum Aziz Nesin diese Anordnung der Zeilen wählte?
3. Aziz Nesin zeigt uns sehr verschiedene Bilder von sich und seinem Vater. Kannst du einige davon nennen? Kannst du dir vorstellen, warum Aziz Nesin diese Ansichten von sich und seinem Vater darstellt?
4. Im Gedicht stellt Aziz Nesin sich selber dar, wie er sich mit *gesenktem Kopf* die Vorhaltungen seines Vaters anhört. Was will Aziz Nesin seinen Lesern mit diesem Bild vermitteln?
5. Du kennst bestimmt aus deiner Familie, aus deinem Freundeskreis oder aus dem Fernsehen die Sitte, sich vor Erwachsenen zu verbeugen und ihnen die Hand zu küssen. Kannst du erklären, was diese Sitte ausdrückt?
6. Menschliche Beziehungen werden zu einem großen Teil davon bestimmt, wie weit sich die Individuen ablehnen, akzeptieren, ertragen oder lieben. Gibt es im Gedicht Stellen, die dir sagen, ob Aziz Nesin und sein Vater sich gegenseitig nur ertragen oder sich wirklich geliebt haben?
7. Du hast sicher schon die Erfahrung gemacht, von jemandem gekränkt worden zu sein und wie schwer es dann ist, zu verzeihen. Was wird dabei von den Betroffenen besonders erwartet?
8. Aziz Nesin spricht davon, dass sein Vater und er sich gegenseitig vergeben können. Was bedeutet das deiner Meinung nach für ihre Beziehung?
9. Kannst du dir Gründe vorstellen, warum Aziz Nesin seinen Vater *den besten Vater der Welt* nennt trotz all der offenbar erheblichen Unterschiede, welche die beiden trennen?
10. In deiner Familie gibt es bestimmt auch verschiedene Auffassungen über bestimmte Sachverhalte, Wertvorstellungen und Verhaltensweisen. Kannst du etwas dazu sagen, wie in eurer Familie mit Meinungsunterschieden umgegangen wird?

Hinweise zu *Die Leinentasche*

Die Geschichte ***Die Leinentasche*** lässt uns lebhaft teilnehmen an einer der leidvollen Erfahrungen Aziz Nesins als Schuljunge. Wir erfahren, dass er eines Tages auf dem Heimweg von der Schule seine Leinentasche in der winterlichen Kälte verliert. Als Kind armer Leute ist ihm klar, dass dies nicht nur für ihn, sondern für die ganze Familie einen großen Verlust bedeutet.

Aziz Nesin berichtet so ausführlich von diesem Vorfall, weil er in seiner Jugend die Erfahrung gemacht hatte, dass viele Leute, unter ihnen auch seine Eltern und er selbst, sich ihrer Armut und ihrer Familiengeschichte schämten. Daher dachten sie sich eine Identität aus, in der sie ihre Herkunft, ihren Werdegang und ihren gesellschaftlichen Status beschönigend darstellten, um mehr Ansehen zu gewinnen. Sie bauten Fassaden auf, hinter denen sie sich mit ihrer wahren sozialen Situation versteckten. So betrogen sie sich selbst und täuschten andere.

Aziz Nesin kommt es darauf an, mitzuteilen, wie sein Vater mit diesem Ereignis umging. Aziz Nesins Vater täuschte sich und seine Umgebung so überzeugend, dass er anscheinend selbst an seine erfundenen Erzählungen glaubte und seine Zuhörer sie ihm für wahr abnahmen.

Wie sehr Armut und Zurücksetzung sich auf die Bildung der Persönlichkeit und die Entwicklung des Selbstwertgefühls auswirkten, hatte Aziz Nesin oft genug am eigenen Leib verspüren müssen. Er hatte sich erst von diesen niederdrückenden Erfahrungen seiner jungen Jahre befreien können, nachdem er der Armut entronnen war und als Schriftsteller und Dichter seine Persönlichkeit und sein Selbstbewusstsein entwickelt und Anerkennung gefunden hatte.

Für die Leserinnen und Leser dieser Geschichte ist wesentlich, welche Folgerungen Aziz Nesin aus seinen Erfahrungen ableitet. Ihm ist klar geworden, dass gesellschaftliche Erniedrigung und erdrückende Armut Menschen sogar dazu bringen können, sich selber wegen dieses "Makels" anzuklagen oder sogar zu verachten. Menschen können ein selbstzerstörerisches Verhalten entwickeln, wenn sie das Gefühl haben oder die Erfahrung machen, dass ihr Wert an ihren materiellen Besitztümern gemessen wird und nicht an ihrer eigentlichen Menschlichkeit und ihrer Zugehörigkeit zur Menschheit.

Für Aziz Nesin folgt daraus, dass die Wertesysteme und Strukturen von Gesellschaften, welche Menschen in erster Linie nur nach ihrem Besitz und Einkommen, also nach ihrem materiellen Status beurteilen, geändert werden müssen. In Ländern, wo die Mehrheit der Bevölkerung arm ist, sollten sich die Wohlhabenden des Reichtums schämen, den sie nicht mit den Armen teilen. Die Besitzlosen hingegen sollten sich nicht länger der Armut und Unwissenheit schämen müssen, in die viele von ihnen in ungerechten, ausbeuterischen Systemen hineingeboren werden und denen sie trotz aller persönlichen Anstrengungen kaum entrinnen können!

Fragen zu *Die Leinentasche*

1. Was erfahren wir in der Geschichte Die Leinentasche über Aziz Nesin und seine Familie?
2. Welches Ereignis spielt in dieser Geschichte eine große Rolle?
3. Warum wohl hat der Verlust der Schultasche für die Familie solche Bedeutung?
4. Aziz Nesins Vater berichtet später dieses Ereignis ganz anders, als es sich tatsächlich zutrug. Was fällt dir besonders auf im Bericht des Vaters? Warum vermutlich stellt Aziz Nesins Vater das Ereignis nicht so dar, wie es wirklich war?
5. Du hast wohl auch schon einmal die Redensarten „sein wahres Gesicht zeigen", „sein Gesicht wahren" und „sein Gesicht verlieren" gehört. Kannst du dir darunter etwas vorstellen und deinen Mitschülerinnen und Mitschülern erklären? Du kannst diese Ausdrücke auch mit ihnen erarbeiten.
6. Sicher hast du auch schon einmal erlebt, dass Menschen sich verstellten und ihr wahres Gesicht nicht zeigen konnten oder nicht zeigen wollten. Konntest du erkennen, welche Gründe es für dieses Verhalten gab?
7. An einer Stelle im Text spricht Aziz Nesin besonders deutlich von Armut und Reichtum. Verstehst du, was er damit meint, dass *in armen Ländern die Wohlhabenden sich ihres Reichtums schämen müssten?*
8. Auch in der Gesellschaft, in der wir hier und heute leben, gibt es neben riesigem Reichtum auch größte Armut. Kannst du Beispiele nennen?
9. Du weißt sicher, dass Millionen von Kindern in der ganzen Welt nicht zur Schule gehen können oder nicht gehen dürfen. Kannst du dir vorstellen, woran das liegt?
10. Gibt es etwas, das dir an der Geschichte *Die Leinentasche* besonders gefällt? Willst du uns dazu etwas sagen?

Hinweise zu *Das Unbegreiflichste*

Die Geburt eines Menschen in ihrer Einzigartigkeit und der Tod in seiner Unentrinnbarkeit sind - vermutlich - die wichtigsten Geschehnisse im Leben eines jeden Menschen. Beides sind Vorgänge, die sich täglich zwar millionenfach ereignen, über die aber bisher aus eigenem Erleben kein Mensch jemals etwas in schriftlicher Form hinterlassen hat.

Zahllose Gedichte geben zum Ausdruck, wie intensiv sich Aziz Nesin sein ganzes Leben mit diesen Ereignissen beschäftigt und um Erkenntnis ringt darüber, wie er auf dieser Erde dem Sterben bewusst begegnen und darüber der Nachwelt berichten kann. Im Gedicht ***Das Unbegreiflichste*** erfahren seine Leserinnen und Leser in knappster Form, bis wohin er in seinen Überlegungen bis Dezember 1987 gelangt ist. In den ersten vier zweizeiligen Strophen bezieht Aziz Nesin kategorisch Stellung dagegen, dass Menschen, aus welchen Gründen und auf welche Art auch immer, sich selber oder anderen Menschen das Leben nehmen. In den zwei letzten Strophen geht Aziz Nesin aber einen deutlichen Schritt weiter und führt die Lesenden mitten in seine größten Lebensprobleme: Welchen Zweck und Sinn kann man dem eigenen Leben und Handeln auf Erden geben, wie kann man sich auf den eigenen Tod vorbereiten, wie kann man das persönliche Sterben selber verstehen und ihm einen Sinn abgewinnen, wie soll man dieses Ereignis des eigenen Todes den Lebenden begreiflich machen?

Aziz Nesins Lebensphilosophie, seine Stiftung und sein literarisches Werk zeigen, dass auf Erden für ihn persönlich nur ein tätiges Leben im Interesse und zum Wohle der Menschheit Erfüllung bedeutet. Sterben, sei es aus Krankheit, Altersschwäche oder weil die Lebenskraft verbraucht ist, nimmt den Menschen endgültig die Möglichkeit, sich weiter schöpferisch zu entfalten. Es bedeutet zugleich, dass ein unermesslicher Schatz an Erfahrungen und Erkenntnissen, Fähigkeiten und Wissen jedes Menschen mit seinem Tod für die ganze Menschheit unwiederbringlich verloren ist. Dieses Dilemma treibt Aziz Nesin jeden Tag seines Lebens um. Seine geistige Ruhelosigkeit und Unbestechlichkeit zwingen ihn, selbst dann noch nach dem Sinn des Lebens und des Sterbens zu fragen, wenn er bei niemandem, auch und gerade nicht bei sich selbst, darauf eine Antwort findet. Am Ende des Gedichtes *Das Unbegreiflichste* bleibt nur die Erkenntnis: *Das Unbegreiflichste ist das Sterben*. Gerade dies aber kann für Aziz Nesin nicht das letzte Wort sein. Vielmehr zeigen in all den Jahren bis an sein Lebensende viele andere Gedichte immer wieder, wie sehr ihn die unentrinnbare Gewissheit des Sterbenmüssens beschäftigt. Im Gedicht *Der längste Marathonlauf* bezeichnet er den Tod, um ihn endlich doch gedanklich zu begreifen, als den höchsten Siegespreis seines lebenslangen Rennens auf Leben und Tod. 1992, wenige Jahre vor seinem Tod, verleiht Aziz Nesin im Gedicht *Der Operationstisch* erneut der Unbeschreiblichkeit des Sterbens auf eine ganz besondere Weise Ausdruck. Er sagt dort: *Worüber du eigentlich schreiben willst, ist doch das, über welches bisher noch nicht berichtet worden ist. Das wichtigste Ereignis des Lebens ist das Sterben. Sterben ist dann aber auch wieder nicht so wichtig; du kannst ja eh nicht schreiben, wie du gestorben bist.* Aziz Nesin sieht hier das Sterben als das wichtigste Ereignis seines Lebens an. Es scheint aber Resignation mitzuklingen, wenn er ihm eine - scheinbar - unbedeutende Stelle zuweist, weil der Tod sich aller dichterischen Anstrengung Aziz Nesins entzieht, seinen eigenen Tod dokumentieren zu wollen. Wenige Wochen vor seinem Tod hält er im Gedicht *Die eigene Stimme finden* fest, was für ihn erstrangige Bedeutung hat und endgültige Erkenntnis ist: *die eigene Stimme nicht zu verlieren*, damit sie in der Form seines literarischen Werkes *auf Erden bleibe* als Vermächtnis für die Nachwelt.

Fragen zu *Das Unbegreiflichste*

1. In der ersten Strophe seines Gedichtes nennt Aziz Nesin *Unglücke* als mögliche Todesursache. Kannst du Beispiele geben für Situationen, die meistens tödlich sind?
2. Aziz Nesin fordert, dass *in Friedenszeiten* Menschen nicht andere Menschen töten. Was meint er vermutlich damit?
3. In der dritten Strophe spricht sich Aziz Nesin klar gegen die Anwendung der Todesstrafe aus, selbst wenn sie staatlich erlaubt ist. Welche Gründe mag er dafür haben?
4. In vielen Ländern der Welt verteidigen die Gesetzgeber das Recht auf die Todesstrafe und ihre Ausübung. Kannst du dir vorstellen, wie sie die Todesstrafe rechtfertigen?
5. Vermutlich weißt du, dass sich viele Menschen aus sehr verschiedenen Gründen selbst töten. An was denkt Aziz Nesin vermutlich, wenn er vom qualvoll *langsamen Selbstmord* spricht, den die Menschen sich nicht zufügen sollen?
6. Vermutlich bist du wie auch deine Mitschülerinnen und Mitschüler zum Schutz gegen verschiedene ansteckende Krankheiten geimpft. Weißt du, gegen welche Krankheiten du durch Impfung geschützt bist?
7. Du weißt, dass viele Menschen erkranken oder sogar sterben, weil sie nicht geimpft worden sind oder weil sie eine Schutzimpfung ablehnen. Meinst du, Schutzimpfungen sollten für jedermann verpflichtend gemacht werden gegen Krankheiten, die man ausrotten kann?
8. Du magst auch schon davon gehört haben, dass in den meisten Ländern der Welt die Lebenserwartung der Menschen stetig zunimmt. Kannst du dir vorstellen, warum Aziz Nesin sich wünscht, dass die Menschen nicht an *Altersschwäche* sterben?
9. Meinst du, es gibt für Menschen Möglichkeiten, auch nach ihrem Tode noch weiter zu leben?
10. Schau dir die letzte Zeile des Gedichtes noch einmal genau an! Aziz Nesin spricht dort nicht vom „Tod", sondern vom *Sterben*. Vielleicht könnt ihr in Partnerarbeit die wesentliche Unterschiede zwischen den Begriffen „Tod" und „Sterben" klären!

Hinweise zu *Letzter Wille*

Das Gedicht **Letzter Wille** zeichnet sich aus durch seine klare Struktur. Im Originaltext markiert das Wort *değil* am Ende jeder der sieben Strophen einen scharfen Gegensatz zu den jeweils vorangehenden Zeilen. Jede Strophe stellt eine besondere Situation dar: Könnte Aziz Nesin wählen, wäre er gerne nach seinem Tode das Gras einer Wiese, auf dem Kinder friedlich spielen. Eine Schierlingspflanze möchte er nicht sein. Aziz Nesin spielt darauf an, dass mit dem Gift dieser Pflanze in der Antike Obrigkeiten Menschen umbrachten. Sokrates hatte sich in seinem Leben der Erziehung der Jugend verpflichtet gesehen. Er wurde wegen angeblicher geistiger Verführung der Jugend von Athens Herrschern zum Tode verurteilt und zum Trinken des Schierlingsbechers gezwungen. Aziz Nesin verstand sich (auch) immer als aufklärerischer Erzieher, als friedliebender Menschenfreund. Aziz Nesin wurde zwar für sein Denken und Handeln nicht mit dem Tode bestraft, aber fanatische Verfolger verübten mehrere Anschläge auf sein Leben; politische und religiöse Machtinstanzen zensierten und verboten immer wieder seine Schriften, machten ihm über zweihundert Prozesse und hielten ihn über fünf Jahre seines Lebens in Gefängnissen fest.

Aziz Nesin verfügte in seinem Testament, nach seinem Tod an unbekannter Stelle auf dem Gelände des *Kinderparadieses* bestattet werden zu wollen. Sein Grab ist tatsächlich dort, so wie er es sich gewünscht hatte, und „seine Kinder" spielen dort wirklich jeden Tag, ohne zu wissen, wo er ruht. Aber seine große Hoffnung auf eine friedliche Welt ohne Waffen und ohne Soldaten ist bisher, wie überall auf Erden, so auch in seinem Heimatland, nicht in Erfüllung gegangen. Aziz Nesin stellt das Liedchen, welches er selbst mit seinem letzten schwachen Atem noch auf einer Flöte blasen will, in scharfen Gegensatz zu den aggressiven Befehlspfiffen der Trillerpfeifen, denen er während seiner Zeit als politischer Gefangener in den Gefängnissen jahrelang gehorchen musste. Bildlich gesprochen möchte Aziz Nesin, dass nach seinem Tod sein Leib noch zu etwas nützlich sei. Zurückverwandelt zu Ziegelsteinen könnte er gleichsam materiell noch fortsetzen, was er schon zu seinen Lebzeiten begann, als er aus dem finanziellen Erlös seiner Werke die *Nesin Stiftung* ins Leben rief und sein *Kinderparadies* erbauen ließ.

Aziz Nesins *Letzter Wille* macht seine unbedingt pazifistische Grundeinstellung und seine Liebe zu den Menschen deutlich: Könnte er noch einmal von Nutzen sein, als Stift in eines Dichters Hand würde er Liebesgedichte schreiben, doch niemals Todesurteile. Wichtig ist, dass solche Gedichte über die Liebe und das friedliche Miteinander der Menschen überhaupt entstehen und ihre Botschaft gehört wird. Deshalb sagt Aziz Nesin auch ganz klar, nach seinem Tode in keiner Weise in der Erinnerung der Menschen in Waffen weiterleben zu wollen. Vielmehr hofft er, natürlicher Teil von Lorbeerbäumen zu werden und gleichsam lebendig zu bleiben und fortzuwirken in ihrem immergrünen Blattwerk. Diese Lorbeerblätter sind, Aziz Nesins Lebensleistung und seiner literarischen Bedeutung entsprechend, jene krönende Auszeichnung, die man seit der Antike bedeutenden Menschen verleiht als ehrende Auszeichnung für ihre literarische Leistung oder als höchstes Symbol des Dankes und der Anerkennung ihrer Bemühungen um Versöhnung und Frieden in der Welt.

Fragen zu *Letzter Wille*

1. Was verstehst du unter einem „letzten Willen"?
2. Was meint Aziz Nesin, wenn er sagt, *Schierling* wolle er nicht sein?
3. Worauf spielt Aziz Nesin mit dem Bild von den *fliehenden* und *verfolgenden Soldaten* an?
4. Was glaubst du, worum es Aziz Nesin geht, wenn er von *Ziegelsteinen*, *Schulen* und *Gefängnissen* schreibt?
5. Woran erinnert sich Aziz Nesin, als er *Trillerpfeifen* nennt?
6. Kannst du dir Möglichkeiten vorstellen, wie man nach seinem Tod weiterleben kann?
7. Aziz Nesin wünscht, auf keinen Fall *in Waffen* weiter *zu leben*. Was meinst du, was er damit ausdrücken will?
8. Man verwendet Lorbeerblätter in vielfältiger Weise, in der Küche beispielsweise als Gewürz. Aziz Nesin spricht davon, nach seinem Tod in *Lorbeerblättern* weiterleben zu wollen. Kannst du dir denken, was er damit meint?
9. Aziz Nesin beschreibt im Gedicht den Ort, an dem er beerdigt werden möchte. Kann das etwas zu tun haben mit seiner Lebensgeschichte?
10. Dem Gedicht *Letzter Wille* entnehmen wir gleichsam in verkürzter und vereinfachter Form das, was Aziz Nesin in seinem Leben wichtig war und wofür man sich an ihn erinnern soll. Gibt es etwas, das dich bei seinen Wünschen und Verfügungen beeindruckt oder überrascht?

Hinweise zu *So vieles verstehe ich nicht*

Im Gedicht ***So vieles verstehe ich nicht*** behauptet Aziz Nesin, nur sehr wenig von dem zu wissen und zu verstehen, was die Welt um ihn herum ausmacht. Man könnte erwarten, dass er sich in wissenschaftlicher Sprache mit diesem Thema auseinander setzt. Aziz Nesin spricht aber von zwei Pappeln, anspruchslosen Nutzholzbäumen, die für Aziz Nesins Heimatland charakteristisch und jedermann bekannt sind. Sie wurden, wie es scheint, unter nahezu identischen Bedingungen nebeneinander gepflanzt. Die eine hat sich zu einem stattlichen Baum entwickelt. Die andere jedoch ist ein kraftloser Kümmerling geblieben.

Aziz Nesins Kunst ist es, am einfachen, bewusst gewählten Beispiel, das in seiner Alltäglichkeit jeder vor Augen hat, auch unbedeutend Erscheinendes noch einmal genauer zu bedenken. Durch den Blick auch auf scheinbar Nebensächliches sensibilisiert Aziz Nesin seine Leserinnen und Leser. Er ruft in ihnen Fragestellungen zum Sinn und Zweck individuellen Daseins wach. An einigen Stellen seines Gedichts nutzt Aziz Nesin absichtsvoll Überraschungseffekte. So spielen im Originaltext die beiden Schlusszeilen mit dem Kontrast der Reimwörter *niçin / warum* und *için / um, für, dafür, damit*, der durchaus zugleich als Frage, als Vermutung und Versuch einer Antwort verstanden werden kann. In der letzten Zeile lässt die enge Bindung des kausativen Verbs *şaşırtmak* mit dem Adverb *belki / vielleicht, möglicherweise* verschiedene Möglichkeiten des Verstehens und damit der Übersetzung des Textes offen. Ist Aziz Nesin vielleicht *durcheinander gebracht* oder *verstört* oder gar *verwirrt*, weil er das Gesehene nicht versteht? Soll er sich über das Schicksal der Bäume *wundern oder verblüfft* sein, damit er es erneut und aus veränderter Perspektive zu betrachten versucht? Ist es wesentlich, ob man Aziz Nesin so versteht, dass er wegen seiner Beobachtungen *ins Staunen gerät* oder *zum Nachdenken* veranlasst wird? In der vorliegenden Übersetzung wird *şaşırtmak* durch *sich wundern* wiedergegeben. Im Textzusammenhang erscheint diese Konnotation des Wortes *şaşırtmak* die sprachlichen Vorgaben des türkischen Textes und die beabsichtigte Aussage des Gedichtes am besten zu erfassen.

Das Schicksal der Pappelbäume zwingt in seiner Gleichnishaftigkeit die Lesenden geradezu, gewohnte geistige Einstellungen zu verlassen und über die Erscheinungsformen menschlichen Lebens und die eigene Rolle darin nachzudenken. Es kommt darauf an, nach dem Wie und Warum all dessen zu fragen, was das Leben für uns bereit hält. Warum also sind, um nur einige Aspekte zu nennen, Leid oder Freude, Erfolg oder Niederlage, Reichtum oder Armut, Gesundheit oder Krankheit, Glück oder Unglück, Anerkennung oder Ablehnung, Liebe oder Hass, in einem Wort, die Lebenschancen der Menschen so dicht bei einander und zugleich so ungeheuer verschieden? Was bedeuten Erkenntnisse darüber für jeden von uns?

Fragen zu *So vieles verstehe ich nicht*

1. Aziz Nesin spricht in seinem Gedicht von der Geschichte zweier Pappelstecklinge. Weißt du, wie typischerweise eine Pappel aussieht? Ein Blick in die Natur oder ins Internet kann dir helfen. Kannst du dir vorstellen, warum Aziz Nesin so gewöhnliche Bäume wie Pappeln für sein Beispiel heranzieht?

2. Du weißt, dass Pflanzen, selbst dann, wenn sie von ein und derselben Art sind, sich ganz unterschiedlich entwickeln können. Kannst du Faktoren nennen, die entscheidend sind für das Wachstum von Pflanzen?
3. Glaubst du, dass es Aziz Nesin in seinem Gedicht in erster Linie um die Geschichte der Pappeln geht? Lässt sich das Beispiel ihrer Entwicklung auf andere Lebensbereiche übertragen? Was meinst du, worauf er mit seinem Beispiel anspielt?
4. Du wohnst mit deiner Familie in einem bestimmten Stadtteil und in einer bestimmten Nachbarschaft. Denk mal darüber nach, welche Gründe es dafür geben könnte! Kannst du sagen, warum deine Familie gerade dort wohnt?
5. Zwischen deinen Geschwistern oder Freundinnen und Freunden und dir gibt es bestimmt große Unterschiede. Kannst du einige Unterschiede nennen und vielleicht auch erklären?
6. Du hast sicher in deiner Familie oder deinem Bekanntenkreis auch schon einmal ein auffälliges Ereignis miterlebt, über das du dich gewundert hast. Kannst du von einem solchen Ereignis etwas berichten?
7. In der Politik ist oft von „Chancengleichheit" in der Gesellschaft die Rede. Kannst du sagen, was damit gemeint ist? Vielleicht kannst du den Begriff in Partnerarbeit klären. Kannst du an einem Beispiel zeigen, wie Chancengleichheit in deiner Schule praktisch umgesetzt wird?
8. An deiner Schule gibt es bestimmt Schülerinnen und Schüler mit Beeinträchtigungen. Wie ist deine Schule eingerichtet und was wird getan, damit benachteiligte Schülerinnen und Schüler erfolgreich lernen und am Alltag der Schule teilnehmen können? Gib ein Beispiel!
9. In dem Land, in dem du lebst, gibt es immer noch große gesellschaftliche Ungleichheiten. Kannst du Beispiele dafür nennen und sagen, woher nach deinem Wissen diese Unterschiede kommen?
10. Jeder Mensch hat eine einzigartige Lebensgeschichte, die von vielen Faktoren bestimmt wird. Kannst du einige wichtige Faktoren nennen? Kannst du auch begründen, warum sie deiner Meinung nach diese Bedeutung haben?

Hinweise zu *So war das zwar, aber so geht das nicht mehr weiter*

Im Kapitel ***So war das zwar, aber so geht das nicht mehr weiter*** seiner Autobiografie spricht Aziz Nesin von den Schwierigkeiten, die er und seine Zeitgenossen bewältigen mussten, um den Verhältnissen und Traditionen zu entkommen, in die sie hineingeboren wurden.

In einem sehr eindringlichen Bild beschreibt er die mühsame Rettung aus den Sümpfen der damaligen Armut, Rechtlosigkeit und Unwissenheit, in denen viele Menschen ihr Leben ließen. Ganz klar hält Aziz Nesin die Tatsache fest, dass in der Vergangenheit die vorherrschenden gesellschaftlichen Verhältnisse bestimmten, wer mit Hilfe des Zufalls seine Rettung und vielleicht sogar sein Glück fand, wer ohne Erfolg so gerade noch mit dem Leben davon kam und wer sein Leben in diesen Kämpfen verlor.

Als Aziz Nesin diesen Text schrieb, stand die noch junge Türkische Republik am Anfang ihrer Entwicklung. Die große Masse des Volkes war mittellos und ungebildet und musste täglich ums Überleben kämpfen. Es gab aber auch die kleine gebildete Klasse wirtschaftlich erfolgreicher und politisch einflussreicher Menschen, die zum großen Teil auf Kosten des armen Volkes lebten. Aziz Nesin selbst stammte aus der Klasse der ausgebeuteten, ungebildeten und nahezu rechtlosen Menschen. Dank glücklicher Umstände konnte er aber zur Schule gehen, sich an der Heeresakademie ausbilden lassen, an der Hochschule für Schöne Künste studieren und sich auf seinen Beruf als Schriftsteller vorbereiten.

Aziz Nesin erkannte sehr bald in seinem Leben, wo die Kräfte waren, die der Entwicklung einer gerechten und demokratischen Gesellschaft entgegenstanden. Er war nie dazu bereit, die überkommene Gesellschaftsordnung des Osmanischen Imperiums zu akzeptieren. Zeitlebens befand er sich als Gewerkschafter und Anwalt der Unterdrückten in scharfem Gegensatz zu den Ausbeutern und Opportunisten, welche die herrschende Gesellschaftsordnung beibehalten wollten. Aziz Nesin setzte sich ein für Chancengleichheit in der Schul- und Berufsausbildung, für menschenwürdige Arbeit und auskömmliche Entlohnung. Er kämpfte für die freie Ausübung demokratischer Rechte und für den Schutz der Menschenrechte für alle seine Landsleute, die bis dahin unter politischer Unterdrückung und religiöser Bevormundung, unter wirtschaftlicher Ausbeutung und juristischer Entrechtung gelitten hatten.

In diesem Kampf stand Aziz Nesin von Anfang an ganz vorn an der Front derer, die nach dem Zusammenbruch des osmanischen Sultanats eine neue Türkei nach den Idealen der westlichen Demokratie aufzubauen begonnen hatten. Auch der hier zitierte Text aus den jungen Jahren des Schriftstellers Aziz Nesin bezeugt eindeutig, dass er auf der Seite des Volkes stand. Deshalb änderte er auch das fatalistische Sprichwort „So war das schon immer und so geht das auch weiter"* um in seinen Leitspruch *So war das zwar, aber so geht das nicht mehr weiter!*

* Siehe *Einführung*

Fragen zu *So war das zwar, aber so geht das nicht mehr weiter*

1. Du hast gewiss schon einmal das Sprichwort gehört „So war das schon immer und so wird das auch weitergehen.". Was verstehst du unter diesem Ausdruck?
2. Aus Aziz Nesins Text kann man entnehmen, dass es viele Menschen gibt, die dieses Sprichwort gut finden und zu ihrem Vorteil nutzen. Kannst du dir vorstellen, was für Menschen das wohl sind und warum sie sich so verhalten?
3. Aziz Nesin spricht davon, dass viele Menschen in der Gesellschaft ums Leben kamen, die er einen *Sumpf* nennt. Kannst du sagen, was er mit diesem Bild meint?
4. Aziz Nesin erzählt von dem tödlich *zähen Morast*, dem er mit knapper Not entkam. Auf was kann er damit im Zusammenhang mit seiner Lebensgeschichte anspielen?
5. Aziz Nesin nennt im Text deutlich diejenigen, die er als Gefahr für die Gesellschaft ansieht. Wer sind sie? Welche Gefahr stellen sie in Aziz Nesins Augen für die Gesellschaft dar?
6. Aziz Nesin berichtet, dass es Menschen gibt, die behaupten, es genüge, begabt zu sein und zu arbeiten, um Erfolg zu haben. Glaubst du, dass das genug ist oder dass noch andere Bedingungen dazu erfüllt werden müssen? Welche Bedingungen könnten das beispielsweise sein?
7. Aziz Nesin spricht von einem *Wettkampf*, an dem die Menschen teilnehmen, um ihren Platz in der Gesellschaft behaupten zu können. Was glaubst du, will er damit zum Ausdruck bringen?
8. Heutzutage ist oft von der „Chancengleichheit" die Rede. Kannst du mit deinen eigenen Worten diesen Begriff erklären und ein Beispiel dazu geben?
9. Deine Schule versucht sicherlich, für alle ihre Schülerinnen und Schüler gleich gute Bildungschancen zu schaffen. Gib ein paar Beispiele dafür, wie deine Schule sich um gute Bildung für ihre Schülerinnen und Schüler bemüht!
10. Was meinst du, was du selbst für dich tun musst, um dich gut auf deine Berufsausbildung vorzubereiten? Nutzt du dazu besondere Angebote deiner Schule oder andere Möglichkeiten?

Hinweise zu *Die lange Reise*

Der Anlass des Gedichtes **Die lange Reise** ist ganz alltäglich. Wir schauen Aziz Nesin in der Nacht des 6. Januars 1990 beim Schaffensprozess geradezu über die Schulter. Der 75jährige Dichter sitzt in seinem Zimmer in Ankara dicht vor einem Ofen und sieht dem Spiel der wärmenden Erdgasflamme zu. Sein ermüdeter Körper verlangt nach Schlaf. Aber das blaue Flackern des brennenden Gases fasziniert und beunruhigt ihn zugleich. Sein hellwacher Geist drängt ihn dazu, das eben Beobachtete, seine Gefühle und Gedanken in Sprache zu fassen.

Was selbstverständlich und alltäglich zu sein scheint, wird für Aziz Nesin zum Besonderen. Natürlich wüsste er gern, wie lange und auf welchen Wegen das Gas unterwegs ist von Sibirien in die Türkei. Er mag sich aber auch gedrängt fühlen zu fragen, wie lange überhaupt noch das Erdgas aus jener fernen Welt kommen, wann vielleicht die blaue Flamme nicht mehr leuchten und ihn nicht mehr wärmen, ihm kein Gefühl der Geborgenheit und Sicherheit mehr geben wird.

In jener Nacht erhält Aziz Nesin in Ankara auf seine Fragen keine Antwort. Aber die blaue Flamme lässt ihm keine Ruhe. Am 18. Januar 1990, wieder bei sich zu Hause im *Kinderparadies*, ergreift er erneut den Stift und fügt dem Gedicht ein paar

Zeilen hinzu. In dichterischer Freiheit lässt er uns gleichsam teilnehmen an der Vollendung des Textes, den er begonnen hatte in der kalten Nacht fast zwei Wochen zuvor. Aus Empfundenem und Gedachtem wird ein Gedicht, das den Lesenden die Mühsal seiner Entstehung und die Genugtuung über seine Vollendung spüren lässt.

Das bedeutet aber nicht, mit der Fertigstellung des Gedichtes wäre auch Aziz Nesins sorgenvolle Unruhe beseitigt. Ganz im Gegenteil sagt er, dass *die lange Reise der blauen Flamme* ihm keinen Schlaf gönnen und ihn geistig nicht zur Ruhe kommen lassen wird.

Mit diesem nur scheinbar kunstlosen kleinen Bild des Dichters vor seinem Ofen gibt Aziz Nesin seinen Leserinnen und Lesern den Impuls, über eine der schwerwiegenden Fragestellungen unserer Gegenwart nachzudenken: Wie sorgsam nutzen wir Menschen die natürlichen Ressourcen der Welt, um die Erde als einen für Menschen bewohnbaren Planeten zu erhalten?

Aziz Nesins Gedanken sind so zeitgemäß wie vor einem Vierteljahrhundert!

Fragen zu *Die lange Reise*

1. Aziz Nesin schreibt dieses Gedicht Anfang Januar 1990 in seinem Zimmer in Ankara und stellt es knapp zwei Wochen später in seinem Zuhause im *Kinderparadies* bei Çatalca (nahe Istanbul) fertig. Sagen dir diese Zeit- und Ortsangaben etwas, insbesondere die Nennung des *Kinderparadieses*?
2. Im Gedicht erleben wir Aziz Nesin vor seinem Gasofen sitzend. Er ist sehr müde. Aber beim Betrachten der Flamme verfolgen ihn Gedanken, die ihn stark beschäftigen und deshalb auch nicht schlafen lassen. Kannst du dir denken, warum er so beunruhigt ist?
3. Aziz Nesin spricht in seinem Gedicht nicht vom langen Weg, sondern von der *langen Reise* des Gases. Dieser Unterschied scheint für ihn wichtig zu sein. Denk mal darüber nach, worin der Unterschied liegen mag!

4. Aziz Nesin vollendet sein Gedicht erst in einem zweiten Anlauf. Kannst du dir vorstellen, warum er den Lesenden davon berichtet, welche Mühe es ihm macht, das Gedicht zu Ende zu bringen?
5. Zwischen der Aussage *Dieses Gedicht ist nichts geworden* in Zeile 6 und der Aussage *Das Gedicht ist mir (doch noch) gelungen* in Zeile 10 besteht ein Widerspruch. Kannst du diesen Widerspruch erklären? Was glaubst du, warum Aziz Nesin sagt, das Gedicht sei ihm gelungen?
6. Viele Menschen heizen heutzutage mit sogenannten fossilen Brennstoffen wie Steinkohle, Erdgas oder Erdöl. Kannst du Probleme nennen, welche die Förderung und der Verbrauch dieser Brennstoffe verursachen?
7. Überall wird gefordert, unsere Umwelt vor weiterer Umweltverschmutzung zu schützen. Kannst du Beispiele für Umweltverschmutzung nennen?
8. Kannst du auch Beispiele geben für Umweltschutz und sorgsamen Umgang mit unseren natürlichen Ressourcen?
9. Sprecht ihr in deiner Familie auch über Umweltschädigung? Wie kannst du selbst dazu beitragen, deine Umwelt zu schützen?
10. Aziz Nesin schreibt sein Gedicht, weil ihn der Anblick der Erdgasflamme unmittelbar betroffen macht und zum Nachdenken anregt. Kannst du einen Text schreiben über einen Sachverhalt, der dich persönlich angeht?

Hinweise zu *Was wir von Tieren lernen können*

Beim genaueren Studium des Gedichtes **Was wir von Tieren lernen können** stellt man fest, dass im türkischen Originaltext die Verben in der dritten Zeile aller Strophen bis auf die sechste im (türkischen) Aorist des R-Präsens flektiert sind und damit gewohnheitsmäßiges Verhalten oder eine allgemeine Erfahrungstatsache oder Wahrheit ausdrücken.

Nur das Verbum in Zeile drei der sechsten Strophe passt nicht in diesen Rahmen: durch seine Flexion des Konditionals drückt es eine Erwartung oder Forderung aus. Für dieses Merkmal muss es einen Grund geben.

Aziz Nesin beschreibt, wie sich typischerweise Tiere derselben Art verhalten, wenn sie aufeinander treffen. Leicht übertreibend berichtet er dem Leser in Strophe fünf, das sich sogar die mit vielen negativen Vorurteilen belasteten Schlangen lieben: Während sie übereinander herkriechen, sieht es so aus, als ob sie sich liebkosten.

Aziz Nesin drückt in seinen Bildern aus, dass nach seiner Auffassung Tiere derselben Art – im deutlichen Gegensatz zur menschlichen Spezies – sich normalerweise nicht vorsätzlich angreifen, um sich gegenseitig zu vernichten; wenn Tiere töten, folgen sie unausweichlich ihren instinktiven Trieben.

Zu allen anderen Strophen mit ihren Bildern friedlicher Beziehungen zwischen den Tieren stehen die Strophen sechs und acht in scharfem Kontrast. In vorwurfsvollem, fast pessimistischen Ton hält Aziz Nesin dort fest, dass der Mensch – allgemein betrachtet als die mit Vernunft und Klugheit begabte Krönung der Schöpfung – seinen Verstand nicht einmal dazu gebraucht, dem Beispiel des friedlichen Zusammenlebens der Tiere zu folgen, sondern dass er seine Aggressivität ganz geplant und absichtlich gegen seine Artgenossen und gegen die Natur insgesamt einsetzt.

Es überrascht nicht, dass Aziz Nesin noch einmal das Bild der Hunde aufgreift, die sich friedlich beschnüffeln. Als letztes Wort seines Gedichtes benutzt er den Begriff *dalaşmak*. Seine Bedeutung ist: Jemanden an der Gurgel packend (wie Hunde) miteinander kämpfen, körperlich oder verbal heftig miteinander streiten. Zweifellos ist sich Aziz Nesin der Ausdruckskraft des Wortes *dalaşmak* bewusst und benutzt die Aoristform des Verbs, um damit anzuzeigen, dass er diese aggressive, feindliche Art des Umgangs miteinander als gewohnheitsgemäß und typisch für das menschliche Geschlecht ansieht.

In unserer Zeit genügt ein einziger Blick um uns herum, um zu sehen, wie Recht Aziz Nesin hat, in welchem Maß die Menschheit sich plagt und gefährdet durch ihre Unfriedlichkeit und ihren absichtsvollen Gebrauch von Gewalt, ihre Bereitschaft, Verbrechen zu begehen. Eindrücklich gibt Aziz Nesin seiner aufrichtigen Betroffenheit und seiner tiefen Sorge um das Schicksal der Menschheit Ausdruck, indem er sein Gedicht endet mit der Klage: *Doch die vom Menschengeschlechte, Ganz gleich, wo sie auch sind, Immerfort streiten sie miteinander!*

Fragen zu *Was wir von Tieren lernen können*

1. Aziz Nesin spricht im Gedicht von Menschen und Tieren. Durch welche Verhaltensweisen unterscheiden sie sich, gemäß Aziz Nesin, grundsätzlich von einander?
2. Im Gedicht gibt es zwei Strophen, die sich von den übrigen Strophen unterscheiden. Kannst du erkennen, wer dort im Mittelpunkt steht?
3. Einige Aussagen im Gedicht lassen das Verhalten der Tiere so erscheinen, als ob es zwischen ihnen keine Aggressivität gebe. Worauf scheint es Aziz Nesin bei der Beschreibung des Umgangs der Tiere miteinander anzukommen?
4. Aziz Nesin kritisiert das allgemein übliche Verhalten der Menschen sehr deutlich. Kannst du näher beschreiben, was in unserer Gesellschaft allgemein unter aggressivem Verhalten verstanden wird?
5. Bei sportlichen Wettkämpfen ist körperliche und mentale Aggressivität oft nötig zum Erfolg. Was ist erforderlich, damit aus sportlichem Kräftemessen kein böser Streit wird?
6. Angriffslust und Unbelehrbarkeit scheinen für Aziz Nesin zu den typischen Verhaltensmerkmalen der menschlichen Rasse zu gehören. Lässt Aziz Nesin diese Feststellung auf sich beruhen oder macht er Vorschläge, daran etwas zu ändern?
7. Du kennst gewiss aus eigener Erfahrung aus deinem Lebensumfeld sogenanntes positives und negatives Verhalten. Gib dazu Beispiele!
8. In deiner Schule gibt es, zum Beispiel während der Pausen, bestimmt Anlässe für aggressives Verhalten. Wie geht ihr in der Schule unter einander mit aggressivem Verhalten um?
9. Ein „Streitschlichter" ist jemand, der bei Auseinandersetzungen zwischen zwei Parteien vermittelt, um den Streit beizulegen. Gibt es an deiner Schule Streitschlichter? Würdest du auch das Amt eines Streitschlichters übernehmen?
10. Schüler und Schülerinnen bekommen auf ihrem Zeugnis Noten für ihre Leistungen. Glaubst du, es wäre angebracht, wenn sie auf ihrem Zeugnis auch Bemerkungen oder gar Noten für ihr Verhalten bekämen?

Hinweise zu *Beharrlichkeit und Geduld*

Die Gestalt des Gedichts **Beharrlichkeit und Geduld** scheint ganz einfach zu sein. Bei näherer Betrachtung fallen aber die strukturgebenden Reimschemata, die planvolle Wahl und Wiederholung von Wörtern oder ganzen Satzteilen, das bewusste Spiel mit sinngebenden Verbformen, die besonders kunstvolle Gestaltung der drei Strophen auf.

Für die Übersetzung ins Deutsche lassen sich die im türkischen Original vorgegebenen Strukturen größerenteils wiederholen.

In den Begriffen *inat* und *sabır* des Titels schwingen Konnotationen mit, die ihre Übertragung in andere Sprachen schwierig machen. Sollte *inat* ins Deutsche übersetzt werden mit *Eigensinn, Trotz, Hartnäckigkeit* oder *Beharrlichkeit* und *sabır* mit *Gelassenheit, Ausdauer, Beständigkeit* oder *Geduld*? *Beharrlichkeit* und *Geduld* scheinen dem am nächsten zu kommen, was Aziz Nesin ausdrücken will.

In gewissem Sinn ist das Gedicht *Beharrlichkeit und Geduld* symbolisch für Aziz Nesins gesamtes Wirken. Volle Hingabe an seine Arbeit und hohen künstlerischen Anspruch verlangt er von sich selbst ebenso bei der Verwirklichung seiner sozialen Ziele wie seiner literarischen Vorstellungen.

Für den Buntspecht ist der hackende *Schnabel* und für das Wasser der stete *Tropfen* das angemessene „Werkzeug". Das *beharrliche* Hacken des Spechts und das *geduldige* Tropfen des Wassers werden für Aziz Nesin zu überzeugenden, nachahmenswerten Vorbildern für seine Arbeit. Er assoziert die abstrakten Begriffe *Beharrlichkeit* und *Geduld* mit seinen konkreten „Werkzeugen", seinem kämpferischen *Stift* und seinen empathischen *Tränen*. Mit ihnen beteiligt er sich an der Entwicklung und Gestaltung neuer sozialer und ethischer Wertsysteme.

In der dritten Strophe ändert sich der Ton des Gedichtes. Aziz Nesin gibt im Text die Haltung des Betrachtenden auf, betritt das Feld sozialer Auseinandersetzungen und ruft sich gleichsam selbst auf zum Kampf. Nach Aziz Nesins Selbstverständnis gehört es zu den moralischen Pflichten der Menschen, ihre Gesellschaft positiv zu entwickeln und zu verändern. Eine der schwierigsten Aufgaben ist es dabei, sich von den verfestigten Vorstellungen, starren Haltungen und etablierten Tabus zu befreien, die dem gesellschaftlichen Fortschritt entgegenstehen.

Wir entnehmen Aziz Nesins Lebensgeschichte, wie unbeirrbar er von Jugend an sein ganzes Leben lang für seine Überzeugungen und Ideen eintrat, obwohl staatliche Obrigkeiten ihm unzählige Prozesse machten und jahrelang in Haft hielten.

Man könnte versucht sein zu sagen, dass Werkzeuge wie Bleistifte oder Tränen zu ungeeignet und schwach sind in Auseinandersetzungen mit solch starken Gegnern wie fest etablierten Tabus und unterdrückerischen sozialen Machtinstanzen. Wir wissen aber, dass Aziz Nesins rastloser Stift und seine empathischen Tränen sich immer wieder als stärker erwiesen als seine Gegner. Sein literarisches Werk und soziales Engagement machten ihn überall in seinem Lande und darüber hinaus in der ganzen Welt bekannt. Vielleicht wendet sich Aziz Nesin, ohne dies ausdrücklich in seinem Gedicht zu sagen, in erster Linie an die Menschen der jungen Generation, die eher noch als die ältere Generation dazu fähig und bereit ist, eine aufgeklärte, gerechte und humane Gesellschaft zu schaffen. Sein erfolgreiches Vorbild kann ihnen dabei Kraft und Mut geben.

Fragen zu *Beharrlichkeit und Geduld*

1. Im Gedicht gibt es Wörter, die offenbar wesentlich sind und die deshalb mehrfach auftauchen. Benenne einige dieser Wörter aus den drei Strophen!
2. Es gibt Stellen im Gedicht, die Ähnlichkeiten mit einander aufweisen. Suche einige dieser Stellen heraus!
3. Der *Schnabel*, das „Werkzeug" des Spechts, und die *Tropfen*, die „Werkzeuge" des Wassers, erzeugen bestimmte Wirkungen. Beschreibe ihre Wirkungen!
4. Was meinst du, warum wohl der Buntspecht und das Wasser für Aziz Nesin so besonders wichtig sind und warum er gerade den Schnabel des Buntspechts und die Wassertropfen als Vorbilder wählt?
5. Welche Werkzeuge stehen Aziz Nesin als Schriftsteller zur Verfügung? Nennt er sie im Gedicht?
6. Welche Ähnlichkeiten sieht Aziz Nesin zwischen der „Arbeit" des Spechts und des Wassers und seiner Arbeit als Dichter?
7. Im Gedicht taucht am Ende das Wort *Tabu* auf. Weißt du, was ein Tabu ist? Kannst du ein Beispiel dafür geben?
8. Für bestimmte Glaubensgemeinschaften gibt es Tabus, die besonders beachtet werden müssen. Kannst du ein solches Tabu benennen?
9. In jeder menschlichen Gesellschaft gibt es Tabus, die geschützt und von niemandem gebrochen werden dürfen. Kannst du dir vorstellen, welche Tabus das sind und warum gegen sie nicht verstoßen werden darf?
10. Dieses Gedicht hat in der letzten Zeile die Botschaft: *Stürzt die Tabus!* Welche Tabus hat Aziz Nesin vermutlich im Sinn?

Hinweise zu *Was mich zum Schreiben brachte*

Aziz Nesin suchte zeitlebens Antworten auf die Fragen, welche gesellschaftliche Herkunft und Rolle die Menschen haben und welche Wirkungen bestimmte gesellschaftliche Systeme auf die einzelnen Menschen und das Gemeinwohl ausüben. Im Kapitel **Was mich zum Schreiben brachte** seiner Autobiografie *So war das zwar, aber so geht das nicht mehr weiter* setzte er sich damit auseinander, aus welchen Gesellschaftsschichten wir stammen und was das für uns bedeutet.

In unserem Textausschnitt näherte sich Aziz Nesin diesem schwierigen Aspekt des Klassenkampfes über Beispiele aus der Lebensgeschichte eines Klassenkameraden und der seiner eigenen Familie. Als Millionär belog Aziz Nesins Klassenkamerad seine Familie über seine wahre ärmliche Herkunft und machte sie glauben, er habe wohlsituierte Eltern gehabt und sein Großvater sei ein osmanischer General gewesen.

In seinem persönlichen Umfeld lernte und am eigenen Leib erfuhr Aziz Nesin, wie die Abstammung aus der armen Klasse der Bevölkerung und das Erleiden rückständiger Verhältnisse Gefühle der Scham, der Minderwertigkeit und Selbsterniedrigung hervorrufen, die bis zur Verleugnung des Ursprungs der eigenen Familie, der Fälschung der eigenen Lebensgeschichte und der Ablehnung der eigenen Persönlichkeit führen können.

Aziz Nesin konnte sich aus den demütigenden Erfahrungen seiner eigenen Vergangenheit und den damit verbundenen Gefühlen von Minderwertigkeit und Scham erst befreien, nachdem er ein anerkannter Schriftsteller geworden war.

Aziz Nesin sah sich und seine Altersgenossen hineingezogen in den Konflikt zwischen ererbter, nahezu unentrinnbarer Armut und neu erworbenen besseren Lebensumständen, zwischen überholten Vorstellungen der Vergangenheit und dem gegenwärtigen Denken und Handeln. Aus dieser Zerrissenheit folgerte er, dass man seinen sozialen Hintergrund kennen, seine familiäre Herkunft anerkennen und zu seiner Lebensgeschichte stehen muss. Auf dem Fundament dieses Wissens und dieser Erfahrung kann man daran gehen, sich zu einer Persönlichkeit mit Selbstwertgefühl zu bilden. Als ein solcher Mensch kann man dann erkennen, welche Strecke man persönlich schon zurückgelegt hat, in welche Richtung die weitere eigene Entwicklung gehen soll und wie man aktiv und produktiv an der Gestaltung einer zeitgemäßen, offenen Gesellschaft mitwirken kann.

Aziz Nesin beendete seinen Text deshalb mit einer unmissverständlichen Aufforderung, die angesichts der gesellschaftlichen, wirtschaftlichen und politischen Entwicklungen in aller Welt mehr gilt als je zuvor. Er wandelte das türkische Sprichwort „So war das immer schon und so geht das auch weiter."* um in seinen kämpferischen Leitspruch *So war das zwar, aber so kann und darf das nicht mehr weitergehen!*

* Siehe Einführung

Fragen zu *Was mich zum Schreiben brachte*

1. Aziz Nesin sagt, dass die Lebensgeschichten vieler Familien nicht wahr, sondern *geschönt* seien. Kannst du ein Beispiel geben, was du unter „geschönten Geschichten" verstehst?
2. Was glaubst du, warum Aziz Nesins Klassenkamerad seine Herkunft vor seiner eigenen Familie verheimlichte?
3. Du weißt vermutlich nicht, welche gesellschaftliche Bedeutung es vor über hundert Jahren hatte, General der osmanischen Armee zu sein. Versuche, dich darüber zu informieren und es zu beschreiben!
4. Was verstehst du darunter, wenn Aziz Nesin schreibt, dass zwischen seinen Altersgenossen und der Generation ihrer Eltern *ein Zeitsprung von mindestens ein- oder zweihundert Jahren liegt?*
5. Aziz Nesin betont sehr ausdrücklich, dass zwischen ihm und seinem Vater *eine Zeitspanne von mindestens drei Jahrhunderten geklafft* habe. Kannst du erklären, was Aziz Nesin damit meint?
6. Aziz Nesin sagt von sich, dass er zu den Menschen gehöre, die wegen ihrer Herkunft und Lebensgeschichte eine *Zerrissenheit* in sich tragen. Kannst du dir vorstellen, was er damit ausdrücken will?
7. Meinst du, es ist wichtig, seine Herkunft zu kennen und sich mit seiner eigenen Lebensgeschichte auseinander zu setzen?
8. Du kennst im Kreis deiner Familie oder Freunde bestimmt jemanden, der eine ganz besondere Lebensgeschichte hat. Was findest du daran wichtig und interessant? Kannst du davon berichten?
9. Kannst du mit deinen eigenen Worten erklären, was Aziz Nesin meint mit seinem Leitspruch *So war das zwar, aber so kann und darf es nicht mehr weitergehen!?*
10. Suche im Internet und/oder anderen Quellen Informationen darüber, was Aziz Nesin persönlich getan hat, um ganz konkret für Kinder bessere Lebensbedingungen und Bildungsmöglichkeiten zu schaffen als die, welche er aus seiner eigenen Jugend kannte.

Hinweise zu *Friede zwischen Türken und Griechen*

Im Gedicht **Friede zwischen Türken und Griechen** werden zentrale Stellen durch gereimte Wörter im Text hervorgehoben. So reimen die Zeilen 1 und 4 auf *bizden / von uns* und sagen damit klar, dass es hier um die heute lebenden Türken und Griechen geht. Aziz Nesin stellt sich der moralischen Verpflichtung, seinen Teil zu ihrem friedlichen Miteinander zu leisten und wendet sich im dichterischen Gespräch unmittelbar an die Menschen der beiden Völker.

Nicht zufällig rückt Aziz Nesin dabei die Bezeichnungen *blau, weiß und rot* ganz eng zusammen mit den Namen der Länder. Die griechischen und die türkischen Landesflaggen enthalten die Farben blau-weiß bzw. rot-weiß. Griechen und Türken sollen nicht mehr, belastet vom Erbe historischer Erfahrungen, unter ihren Nationalflaggen getrennt gegen einander stehen, sondern mit und für einander einen Neuanfang ihrer Beziehungen schaffen.

Nach der Eroberung Konstantinopels (heute Istanbul) und dem Zerfall des Byzantinischen Reiches war Griechenland für über drei Jahrhunderte Teil des Osmanischen Reiches. 1821 begannen die Kämpfe zur Befreiung des Landes von der osmanischen Herrschaft, die 1830 zur Anerkennung Griechenlands als unabhängiger Monarchie führten. Nach der

Niederlage des Osmanischen Reiches im 1. Weltkrieg und nach der Gründung der Türkischen Republik mussten im Zuge der politischen Neuordnung Europas damals zwangsweise nahezu alle Griechen ihr Ursprungsland Türkei und ebenfalls fast alle Türken ihre Heimat Griechenland verlassen und sich im jeweils anderen Land niederlassen. Die Erinnerung an die Jahrhunderte der Herrschaft der Osmanen über die Griechen und die für beide Völker besonders traumatisierenden Ereignisse und geopolitischen Ergebnisse des 1. Weltkriegs und der Lausanner Konvention über den Bevölkerungsaustausch von 1922/23 prägten die Beziehungen zwischen den beiden Völkern bis in die jüngste Vergangenheit.

Die mehrfachen Wiederholungen von Wörtern wie *Freund, Partner, Hand, Frieden,* um nur einige zu nennen, unterstreichen, was für Aziz Nesin wesentlich ist und um was es ihm sein Leben lang gegangen ist: Beide Völker müssen die schwere Last der bisher noch unbewältigten Geschichte und der herrschenden Vorurteile endlich beseitigen. An die Stelle von Misstrauen, Hass und Ablehnung soll vertrauensvolles Zusammenleben in Brüderlichkeit und Frieden treten.

Seit Jahrzehnten kooperieren beide Länder zwar als Mitglieder der NATO. Die starke wirtschaftliche Konkurrenz, vor allem auf dem Tourismusmarkt, immer noch nicht geregelte Gebietsansprüche, anhaltende Auseinandersetzungen um den Status Nordzyperns und die stagnierenden Verhandlungen über eine Vollmitgliedschaft der Türkei in der Europäischen Union machen aber deutlich, wie schwer politische Lösungen dieser Probleme auch heute noch sind.

Die dreimalige Wiederholung (im Originaltext) des Reimwortes *Hand* im Bild der ausgestreckten Hand sagt deutlich: Griechen und Türken sollen nicht nur symbolisch von ihrer Bereitschaft zur Verständigung sprechen. Über alle Gegensätze und Grenzen hinweg sollen sich die Menschen der beiden Völker, die sich geographisch eh so nahe sind, wie echte Verwandte wirklich und ehrlich die Hände reichen und gemeinsam streben nach gegenseitiger Begegnung und Anerkennung in dem Teil der Welt, zu dem sie alle gehören. Die zwei letzten Zeilen des türkischen Textes enden auf die Reimwörter *yarış* / *Wettrennen*, Wettstreit und *barış* / *Frieden*. Die dem Sinn dieses Gedichtes angemessene inhaltliche Interpretation und Übersetzung des Begriffs *yarış* ist hier das *Streben nach*. Es geht hier, quasi in einem Wettkampf, für Griechen und Türken um das Erstreben des gemeinsamen Ziels, *barış / des Friedens*.

Fragen zu *Friede zwischen Türken und Griechen*

1. Aziz Nesin spricht in seinem Gedicht vom Frieden zwischen dem griechischen und dem türkischen Volk. An welche Menschen wendet er sich genau genommen in seinem Gedicht? Was mögen seine Motive dafür sein?
2. Farben haben häufig stark symbolische Bedeutung. Im Text werden einige Farben genannt. Auf was spielt Aziz Nesin an bei der Nennung dieser Farben?
3. Die Türkei und Griechenland sind Nachbarländer. Kannst du die Stellen im Text finden, wo Aziz Nesin auf ihre speziellen geographischen Beziehungen hindeutet? Ist es wichtig, sich darüber Gedanken zu machen?
4. Aziz Nesin beschwört geradezu die Notwendigkeit des friedlichen Umgangs von Türken und Griechen miteinander. Welche sprachlichen Bilder benutzt Aziz Nesin, um sein Anliegen klar machen?
5. In der vorletzten Zeile des Gedichtes spricht Aziz Nesin im Originaltext von einem gemeinsamen *Wettlauf / yarış* um den *Frieden / barış* zwischen den beiden Völkern. Warum benutzt er deiner Meinung nach dieses sprachliche Bild? Kann das mit der griechischen Geschichte zu tun haben?
6. Die Beziehungen zwischen Griechenland und der Türkei sind bis heute durch besondere geschichtlichen Ereignisse und vertragliche Festlegungen deutlich geprägt. Weißt du etwas über diese historischen Ereignisse und völkerrechtlichen Verträge? Die Suche in Geschichtsbüchern, Atlanten oder dem Internet kann dir helfen.
7. Aziz Nesin hat dieses Gedicht vor mehreren Jahren geschrieben. Meinst du, dass Griechenland und die Türkei Aziz Nesins Vorstellung einer Aussöhnung der beiden Völker inzwischen näher gekommen sind?

8. Sind Menschen aus deiner Familie oder aus dem Kreis deiner Bekannten betroffen worden von den Auswirkungen des türkisch-griechischen Bevölkerungsaustausches im ersten Viertel des 20. Jahrhunderts? Wenn das der Fall ist, kannst du etwas darüber sagen?
9. Viele Menschen reisen im Urlaub in die Türkei oder nach Griechenland. Glaubst du, dass durch Tourismus sich die Menschen besser verstehen und kennen lernen und die Welt friedlicher wird?
10. Griechenland und die Türkei gehören der NATO an. Griechenland ist Mitglied der Europäischen Union, die Türkei nicht. Weißt du etwas darüber, auf welchem Stand die Beitrittsverhandlungen zwischen der EU und der Türkei zur Zeit sind? Falls du mehr darüber wissen willst, kannst du dich im Internet informieren.

Hinweise zu *Eigentümer dieser Welt sein*

Das Gedicht **Eigentümer dieser Welt sein** beschäftigt Aziz Nesin jahrelang. Die erste Fassung des Gedichtes entsteht 1992 in Istanbul im Krankenhaus. Selbst dort lässt ihn die Sorge nicht los, die er sich um die Welt macht. Die letzte Fassung schreibt Aziz Nesin 1995 wenige Monate vor seinem Tod, erneut in einem Istanbuler Krankenhaus. Dies mag als ein Hinweis darauf angesehen werden, wie stark und dauerhaft ihm die Probleme am Herzen liegen, denen er in seinem Gedicht Ausdruck verleiht.

Die nahezu identische, fast beschwörende Wiederholung bestimmter Aussagen in der ersten und den beiden letzten Strophen spannt gleichsam einen Bogen von den Anfangs- zu den Schlusszeilen des Gedichtes und ist eines der stark strukturierenden Elemente des Textes. In diesen Strophen ist von Gott die Rede. Aziz Nesin kennzeichnet ihn durch das groß geschriebene *O*, das in der deutschen Übersetzung mit *Er* wiedergegeben wird.

In einigen Religionen der Welt wie dem Judentum, Christentum oder Islam ist die Bewahrung der Schöpfung ein äußerst wichtiges, zentrales Thema. Es gilt die Grundannahme, dass alles Geschaffene von Gott ausgeht und wieder zu ihm strebt. Mit dem Gedanken der Einheit der Schöpfung verbinden diese Religionen die Idee eines harmonischen Zustandes der Schöpfung. Sie sehen den Menschen in der Schöpfung als ein mit Vernunft begabtes Wesen, das sich dadurch grundsätzlich unterscheidet von allen anderen Lebewesen. Dank seiner besonderen Fähigkeiten kann er, außer seine rein materiellen Bedürfnisse zu befriedigen, auch moralische Urteile fällen und Werte und Normen entwickeln. Der Mensch lebt in der Schöpfung, mit ihr, von ihr und für sie. Darin erkennen die Religionen den Sinn menschlichen Daseins und leiten letzten Endes die Verantwortlichkeit der Menschheit für die Schöpfung daraus ab.

In unserer Zeit besteht unter den Menschen keine universelle Einigkeit über die Richtigkeit und Verbindlichkeit dieses religiösen Anspruchs. Viele Menschen betrachten eine Gottheit oder Gott als den Schöpfer des Universums. Fast überall auf Erden folgern sie aus dieser Vorstellung, dass nicht sie als Individuum oder die Menschheit als Ganzes, sondern letztlich diese Gottheit oder Gott als Erschaffer für ihr / sein Eigentum, ihre / seine Schöpfung selbst verantwortlich sei. Der Schutz und die Bewahrung der Schöpfung werden durch die gegenwärtige industrielle und technische Veränderung der Welt in Frage gestellt. Aziz Nesin sieht die zunehmende Verunstaltung, die drohende Zerstörung der Erde. Er ist sich dessen völlig bewusst, dass zu viele Menschen immer unwilliger und unfähiger werden, Verantwortung zu übernehmen. Er bezieht deswegen hier klar Stellung. Ganz gleich, welche Ansicht von der Welt sie haben mögen oder ob sie einer Glaubensrichtung angehören oder nicht, in der ersten Zeile der siebten Strophe hält er seinen Leserinnen und Lesern sein dreifaches *Nein, nein, nein!* entgegen. Er schiebt allen Versuchen deutlich einen Riegel vor, sich auf irgendwelche Ausreden zurückzuziehen oder eine Gottheit oder gar Gott zum letztlich für die Welt Verantwortlichen machen zu wollen.

Wir können davon ausgehen, dass Aziz Nesin sich mit seiner Stellungnahme *Dies ist meine Welt, Seine ist es nicht. Allein ich bin verantwortlich für sie, nur ich!* an das Gewissen eines jeden Erdenbewohners richtet, zur Erhaltung einer lebenswerten Welt beizutragen. Vom Augenblick der Geburt an nimmt jeder Mensch einen Teil dieses Globus für sich in Anspruch; jeder darf das Stück der Erde, auf dem er lebt, als seine Heimat, sein Eigentum betrachten. Daraus folgt, dass jeder Mensch für den Schutz und das Wohlergehen seines Teils dieser Welt, darüber hinaus aber auch der ganzen Erde mit ihren Pflanzen, Tieren und Menschen die volle Verantwortung übernehmen muss.

Fragen zu *Eigentümer dieser Welt sein*

1. Aziz Nesin erhöht durch eine Menge sprachlicher Bilder die Aussagekraft und Anschaulichkeit des Textes. Kannst du einige Bilder nennen?
2. Im Gedicht spricht Aziz Nesin von *Mehmet, Ahmet* und *Ömer*. Kannst du dir vorstellen, warum im Text von ihnen die Rede ist?
3. Aziz Nesin spricht von den *Dummen* und *Feiglingen*, den *Lügnern* und *Dieben*, den *Ehrlosen* und *Schuften* in der Welt. Was vermutest du, warum Aziz Nesin sagt, dass er sich auch für sie und ihr Handeln verantwortlich fühlt?
4. Die Strophen eins, sieben und acht weisen ein besonderes sprachliches und inhaltliches Merkmal auf. Welches ist es? Wovon ist in diesen Strophen die Rede?
5. Viele Menschen glauben, eine Gottheit oder Gott habe die Welt erschaffen und sei deshalb auch für sie verantwortlich. Kannst du Textstellen finden, die zeigen, ob Aziz Nesin auch dieser Ansicht ist oder eine andere Meinung vertritt?
6. Mülltrennung und Recycling gewinnen immer mehr an Bedeutung. Was verstehst du unter diesen Begriffen? Du kannst dir aus dem Internet Information dazu holen.
7. In vielen öffentlichen Räumen darf nicht mehr geraucht werden. Ist das deiner Meinung nach ein wirksamer Beitrag zum Umweltschutz?
8. Der von den Menschen in die Ozeane geworfene Plastikabfall ist eine ernste Bedrohung für die Tier- und Pflanzenwelt der Meere. Hast du Vorstellungen, wie man diese Gefahr beseitigen kann?
9. An deiner Schule entsteht jeden Tag eine Menge Abfall. Was trägst du dazu bei, dass möglichst wenig Müll erzeugt wird? Wie wird mit dem Abfall umgegangen, der unvermeidlich entsteht?
10. Nach fast jeder größeren öffentlichen Veranstaltung ist die Umgebung mit Müll bedeckt, obwohl es Gefäße gibt, in welche die Leute ihren Abfall werfen könnten. Kannst du dir dieses Verhalten erklären? Kannst du Vorschläge machen, wie man es ändern könnte?

Hinweise zu *Gespräch*

Im Kapitel **Gespräch** der Autobiografie *So war das zwar, aber so geht das nicht mehr weiter* erfahren wir, wie Aziz Nesin sich mit seiner grundsätzlichen Forderung nach einem dauerhaften Wandel der türkischen Gesellschaftsordnung gegen jene ausbeuterische, unterdrückerische und undemokratische Organisation der Gesellschaft richtete, wie er sie zu Anfang seines Berufslebens in seinem Lande vorfand. Als Journalist und Schriftsteller war er immer wieder konfrontiert mit politisch überholten Vorstellungen und religiös repressiven Kräften, die sich der Entwicklung der Türkei zu einem modernen, demokratisch verfassten Rechtsstaat in den Weg stellten. Trotz der vielen Jahre, die er wegen seiner Gesinnung in türkischen Gefängnissen inhaftiert war, kommt er im zitierten Text zu der ironischen Feststellung, dass seine Gegner seinem *kleinen, stumpfen Bleistift* nicht gewachsen waren. Letzten Endes erwies Aziz Nesin sich stärker als seine Verfolger und gab sie in seinen Schriften, insbesondere seinen Satiren, der Lächerlichkeit preis.

Nach den Weltkriegen befanden sich viele Staaten in sehr schweren Finanz- und Wirtschaftskrisen. In Europa nahmen die Auseinandersetzungen um die politische und ökonomische Gestaltung der Länder zwischen linksgerichteten, konservativen, nationalistischen und faschistischen Kräften immer schärfere Formen an.

Aziz Nesin brachten seine Lebenserfahrungen dazu, seinen gesellschaftlichen Platz einzunehmen bei denen, die sich aus den Fesseln ihrer armen, recht- und hoffnungslosen Vergangenheit, so wie er, nur nach unsäglichen Leiden und Entbehrungen lösen konnten. Er betont ausdrücklich, seine Lebensgeschichte habe ihn zu einem Sozialisten gemacht; er gehöre zur Klasse derer, die unter Entrechtung und Ausbeutung hätten leiden müssen.

Gemäß seinem Verständnis eines wahren Sozialismus glaubte Aziz Nesin immer, er müsse seinen Landsleuten eine Dankesschuld zurückzahlen. Die Erträge aus seinem literarischen Werk behielt er deshalb nicht für sich. Vielmehr gründete er entsprechend seiner humanistischen Grundüberzeugungen 1972 die *Nesin Stiftung*. Er steckte all seine Schöpferkraft und sein ganzes Vermögen in den Aufbau und Erhalt seines Kinderdorfes *Kinderparadies*. Den Kindern, die das große Glück haben, im *Kinderparadies* heranwachsen zu dürfen, bleiben Armut und Entrechtung, mangelhafte Bildung und fehlende Fürsorge erspart, die sonst vermutlich ihr Leben bestimmen würden.

Fragen zu *Gespräch*

1. Aziz Nesin berichtet in seinem Text von Ereignissen aus seiner Zeit als junger Schriftsteller. Welche Erfahrungen haben ihn damals schon zu einem Sozialisten, zu einem Linken werden lassen?
2. Weißt, du, was man unter einem *Sozialisten*, einem *Linken* versteht? Kannst du den Begriff erklären? Du kannst dir dazu Informationen aus Sachbüchern oder dem Internet holen.
3. In der Politik ist oft von der Klassengesellschaft die Rede. Was sagt Aziz Nesin von den Mitgliedern der *höheren Klasse* in der Gesellschaft? Was will Aziz Nesin mit seiner Einschätzung der Menschen in der „höheren Klasse" ausdrücken?

4. Aziz Nesin spricht in seinem Text davon, dass er *kämpfen* werde für bessere Lebensbedingungen der kommenden Generation. Was kann Aziz Nesin damit meinen? Vielleicht kannst du mit deinen Freunden eine gute Erklärung finden.
5. Die Verhaftung, die er beschreibt, erlebt Aziz Nesin in Istanbul, als er schon erwachsen ist und als Journalist arbeitet. Kannst du dir vorstellen, warum Aziz Nesin davon spricht, er habe das Schicksal eines *frechen Bengels* erlitten?
6. Aziz Nesin vergleicht in einem sprachlichen Bild seine Gegner, die sich alle als *Bienenköniginnen* betrachteten, mit Wespen, die er bei ihrem Treiben in ihrem Stock gestört hätte. Weißt du, welche Aufgabe eine Bienenkönigin in einem Bienenstock hat und wozu *Wespen* dienen? Das Internet kann dir helfen! Kannst du dir vorstellen, warum Aziz Nesin gerade dieses Bild „malt", um die Auseinandersetzung mit seinen Gegnern darzustellen? Wie beurteilt Aziz Nesin in diesem Vergleich seine Gegner? Was lernt er aus dieser Begegnung mit seinen Verfolgern?
7. Aziz Nesin erzählt seinen Lesern, er sei wegen eines *kleinen, stumpfen Bleistifts* von seinen Gegnern angegriffen worden. Kannst du dir denken, was hinter dem Symbol des Bleistifts steckt? Was meinst du, was er mit dieser Bemerkung über seinen Bleistift mitteilen will?
8. Aziz Nesin zog aus seinen Lebenserfahrungen wichtige Schlüsse und setzte sie praktisch im Kinderparadies seiner Stiftung um. Was wollte er der jungen Generation ersparen und wie sollten nach seinen Vorstellungen Kinder in Zukunft aufwachsen?
9. Aziz Nesin teilt uns seine Lebenserfahrungen und Forderungen mit, die er vor Jahrzehnten schon aufschrieb. Meinst du, dass sie auch für unsere heutige Gesellschaft noch passend sind und verwirklicht werden können?
10. Aziz Nesin schrieb seine Erfahrungen und seine Erkenntnisse auch deswegen auf, damit seine Leserinnen und Leser daraus Schlüsse für ihr eigenes Leben ziehen können. Gibt es in den Erfahrungen Aziz Nesins, die wir in diesem Text nachlesen können, etwas, das dich beeindruckt und aus dem du für dein Leben etwas lernen kannst?

Hinweise zu *Lieder*

Die Überschrift **Lieder** lässt nicht erahnen, welche Dramatik sich in diesem kurzen Gedicht verbirgt. Scheinbar harmlos wird den Leserinnen und Lesern zu Anfang mitgeteilt, was allgemein das Schicksal von Liedern ist: Sie werden, wenn sie Wohlgefallen erregen, viel gesungen, wandern überall hin und bleiben unendliche Zeiten bekannt. Bei Nichtgefallen werden sie sehr bald wieder vergessen, weil sie kaum gesungen werden und nur wenig Verbreitung finden.

Das Wort *Lieder* ist im Gedicht beim fünften Mal bewusst zu *meine Lieder* abgewandelt. Es sind gerade diese Wiederholung des Wortes und seine Abwandlung, die dem Text sein besonderes Gesicht geben.

In seinen kritischen Texten, vor allem seinen Zeitungsartikeln, Kampfschriften, Theaterstücken und Satiren, die wir im Gedicht als *seine Lieder* erkennen können, legte sich Aziz Nesin jahrzehntelang mit der politischen Führung des Staates an. Sie wollte nicht zulassen, dass seine aufklärerischen *Lieder*, in Stadt und Land bekannt und verbreitet wie Volkslieder, von den Menschen des Volkes gehört und verstanden wurden.

Das Gedicht entstand 1965 zur Zeit des sogenannten Kalten Krieges. Als ein wichtiges Mitgliedsland der NATO war die Türkei von dessen Auswirkungen unmittelbar betroffen. Ständiger Streit über die Rolle der Türkei im Bündnis prägte damals das politische Leben der Türkei. Aziz Nesin bezog in diesen Auseinandersetzungen unbeugsam eine klar pazifistische Stellung und wurde immer wieder politischen Repressalien ausgesetzt.

In den letzten zwei Zeilen lässt Aziz Nesin die Lesenden deutlich wissen, dass die staatlichen Machthaber ihn praktisch mit Berufsverboten belegten, seine Texte der Öffentlichkeit vorenthalten wollten und er sie daher für sich behalten musste. In der lakonischen Kürze, mit der Aziz Nesin schreibt, *seine Lieder nicht singen zu dürfen,* spüren wir seine tiefe Empörung und große Frustration. Die mutige Veröffentlichung seiner Texte, so auch dieses Gedichtes, trotz Verbots war aber immer wieder seine klare Kampfansage an die Gegner der Gedanken- und Redefreiheit.

Fragen zu *Lieder*

1. Aziz Nesin äußert sich zum Schicksal von Liedern. Kannst du Beispiele geben für Lieder, die es schon lange gibt und die dort weit verbreitet sind, wo du lebst?
2. Kannst du dir vorstellen, warum Lieder sich in der menschlichen Gesellschaft lange halten oder warum sie schon nach kurzer Zeit wieder verschwinden?
3. Es gibt viele verschiedene Arten von gesungenen Texten, die man als Lieder bezeichnet. Kannst du ein Beispiel für die eine oder andere Art nennen?
4. Aziz Nesin galt schon zu seinen Lebzeiten als großer Schriftsteller und Dichter. Er war aber kein sogenannter Liedermacher. Was kann er meinen, wenn er dennoch von seinen Texten als *meine Lieder* spricht?
5. Aziz Nesin sagt von seinen *Liedern*, dass er *sie nicht singen darf*. Versuche zu erklären, was er damit meint.
6. Aziz Nesin wurde verfolgt, weil er sich nie staatlichem Druck beugte, sondern stets auf dem Recht der freien Meinungsäußerung bestand. Welche Möglichkeiten hast du, um zu erfahren, welche Konsequenzen er für seine Einstellung in Kauf nehmen musste?
7. Du hast gewiss schon davon gehört, dass auch heutzutage viele Menschen wegen ihrer Anschauungen aus ihrer Heimat flüchten müssen. Kannst du dafür Beispiele geben?
8. Kannst du Gründe dafür nennen, warum die Regierungen vieler Länder Menschen verfolgen, die für sich das Recht auf freie Meinung und freie Rede beanspruchen?
9. In den Verfassungen vieler Länder der Welt zählt das Recht auf freie Meinung zu den sogenannten Grundrechten. Weißt du, welche anderen Rechte zu den Grundrechten gehören? Kannst du Beispiele geben?
10. Ist es für dich wichtig, dass du frei nach deinen eigenen Anschauungen und Überzeugungen leben darfst? Begründe deine Meinung!

Hinweise zu *Solch eine Welt*

Der Titel des Gedichtes **Solch eine Welt** kann gleichsam als vorweggenommene, bestätigende Antwort verstanden werden auf die vielen Fragen, die im Gedicht gestellt werden. Mit wenigen prägnanten Strichen zeichnet Aziz Nesin das Bild einer Gesellschaft mit einem System von Institutionen und Werten, das nach seiner Überzeugung die Menschheit als Ganzes schwer belastet. Zugleich entwirft er ein visionäres Gegenbild, das die Lesenden geradezu herausfordert, Stellung zu nehmen.

Man muss sich natürlich fragen, unter welchen Bedingungen menschliche Gemeinschaften, die miteinander konkurrieren in der Mehrung ihrer Besitztümer und in der Wahrung ihrer Lebensräume, friedlich genug sein können, um ohne physische und psychische Gewaltanwendung zu bestehen. Zu den Grundlagen des Fortbestehens menschlicher Gemeinschaften gehören seit jeher Arbeitsteilung und umfassender Warenaustausch. Daher muss man diskutieren, ob in unseren heutigen, weltweit so eng mit einander verflochtenen und von einander abhängigen sozialen und ökonomischen Strukturen finanzielles Wirtschaften überhaupt noch ohne ein Bankwesen funktionieren kann. Es kann nicht gesagt werden, ob Prostitution in unserer Zeit tatsächlich als eine der Folgen gestörter sozialer Strukturen und emotionaler Beziehungen zu betrachten ist oder ob sie zu den seit Urzeiten herkömmlichen oder gar naturnotwendigen Erscheinungsformen menschlichen Zusammenlebens gehört. In diesem Zusammenhang sind die größten Probleme darin zu sehen, welche Rolle die Vertreter der maßgebenden wirtschaftlichen, politischen und religiösen Organisationen spielen, wie frei die einzelnen Menschen ihre Persönlichkeiten und Begabungen entfalten können, wie weit sie ihre Ansichten und ihre Überzeugungen ungehindert ausleben dürfen, wo die Grenzen obrigkeitlicher Einschränkungen, Kontrollen und Strafen sind.

Besondere Beachtung verdienen die vier letzten Zeilen des Gedichtes. In ihnen stellt Aziz Nesin seinen Lesern und Leserinnen sprachlich äußerst konzentriert noch einmal den Zusammenprall der realen Welt, wie er sie erlebt, mit der Vision der Welt dar, die er für sich und die Menschheit erhofft. Die drei letzten Zeilen bestehen in der Originalfassung aus nur sechs Wörtern. Man kann davon ausgehen, dass Aziz Nesin mit den Wörtern *Ketten, Fesseln, Verbote* Begriffe wie beispielsweise rigide soziale Kontrolle, rassistische Vorurteile, schikanöse Maßregeln, diktatorische Gesetze, religiöse Bevormundung, willkürliche Verhaftungen oder politische Unterdrückung meint. Die Begriffe *Gedanken*, *Gespräch* und *Liebe* stellen in konkreter Form für ihn vermutlich unter anderem Grundrechte wie das Recht auf gewerkschaftliche Streiks und politische Arbeit, auf freie Versammlung und uneingeschränkte Partnerschaften, auf Rede- und Gedankenfreiheit, auf Selbstbestimmung und Selbstverwirklichung dar.

Letzten Endes stellt sich den Lesenden die Frage, welchen Sinn gesellschaftliche Entwürfe überhaupt haben, welche Ziele sie verfolgen sollten und welche Wirkungen sie entfalten können und ob Aziz Nesins Bild einer von Unrecht, Unterdrückung und Gewalt geprägten Gesellschaft zutreffend und seine Hoffnung auf eine friedliche, gerechte Welt erfüllbar ist.

Man könnte Aziz Nesin vorwerfen, seine Vorstellungen einer Weltordnung seien derart wirklichkeitsfern und utopisch, dass seine Visionen nicht realisierbar erscheinen. Für ihn gibt es aber vor dem Hintergrund seiner persönlichen Lebensgeschichte und gewerkschaftlichen Arbeit, nach seinen Erfahrungen beruflicher Einschränkung und politischer Verfolgung, auf der Grundlage seiner demokratischen Überzeugung, pazifistischen Grundeinstellung und allumfassenden Menschenliebe keinen Zweifel daran, welche Welt es zu erschaffen gilt.

Fragen zu *Solch eine Welt*

1. Aziz Nesin spricht in seinem Gedicht von Einrichtungen, die das gesellschaftliche Leben als Ganzes stark bestimmen. Nenne einige der genannten Einrichtungen!
2. Normalerweise müssen Soldaten an der Front kämpfen. Im Gedicht haben sie eine andere Aufgabe. Welchen Auftrag haben die in den Kasernen stationierten Soldaten, von denen im Gedicht die Rede ist? Kannst du dir vorstellen, was Aziz Nesin damit seinen Lesern und Leserinnen sagen will?
3. Nach Aziz Nesins Auffasung sind Banken, Kasernen und Gefängnisse eine schwere Belastung für die Gesellschaft. Kannst du dir eine Vorstellung davon machen, wie eine Gesellschaft ohne Bankwesen, ohne Polizei und Militär, ohne Gefängnisse funktionieren könnte?
4. In den fünf Zeilen von *Ohne Trillerpfeifen* bis *ohne Kriege* werden Formen menschlicher Gesellschaften vorgestellt. Bist du schon einmal, zum Beispiel während einer Ferienreise, in einer derartigen glücklichen Versammlung von Menschen gewesen? Was hast du unter diesen Menschen empfunden?
5. Im Gedicht spricht Aziz Nesin von denen, deren Namen man mit großen Buchstaben schreibt. Im Originaltext heißt es *O'ları*; in der deutschen Übersetzung *Die*. (In der Literatur benutzt man häufig große Anfangsbuchstaben, wenn man sehr hoch gestellten Personen des öffentlichen Lebens, Gottheiten oder Gott bezeichnen will: *Er/Der-Sie/Die*.) Kannst du dir vorstellen, auf wen Aziz Nesin anspielt, wenn er von *Die* redet?

6. Kannst du erklären, warum *Die* nach Aziz Nesins Auffassung keine Rolle spielen sollen in der Welt, die er sich vorstellt?
7. Versuche mit deinen eigenen Worten darzustellen, welches Bild einer Gesellschaft Aziz Nesin in den Zeilen von *Eine Welt, in der ihr alle wir seid und in der wir alle wir sind* seinen Lesern und Leserinnen vor Augen führt!
8. Verstehst du, was gemeint ist mit den bildhaften Formulierungen *Gedanken in Ketten legen, Worten Fesseln anlegen und die Liebe verbieten?* Kannst du durch eigene Beispiele solche Verbote genauer erklären?
9. Sind nach deiner Meinung Aziz Nesins kritische Vorstellungen über unsere menschliche Gesellschaft zutreffend? Vielleicht bist du anderer Auffassung. Begründe deinen Standpunkt!
10. Die Gesellschaft, in der du selbst lebst, bemüht sich darum, eine naturschützende, menschenfreundliche und friedliche Ordnung zu schaffen. Kannst du aus eigener Erfahrung Beispiele dafür geben, wie diese Bemühungen verwirklicht werden?

Aziz Nesins Lebenslauf

(Foto: Emine Ceylan)

Aziz Nesins Lebenslauf

Aziz Nesin wurde am 20. Dezember 1915 als Kind einer Familie aus der armen, konservativ-religiösen Schicht der Bevölkerung geboren. Ursprünglich hieß er Mehmet Nusret. Den Namen Aziz Nesin benutzte er zuerst als Pseudonym, später als echten Namen.

Die Bedeutung von Aziz ist u.a.: Beliebt, wertvoll, selten, hochgeachtet, tugendhaft, standhaft.

Nesin bedeutet: Was bist du? (Um sich zu suchen und zu finden).

Nur durch besonders günstige Umstände hatte Aziz Nesin die Chance, zur Schule zu gehen, eine Ausbildung am Istanbuler Kuleli Militärgymnasium und an der Heeresakademie in Ankara zu bekommen und an der Hochschule der Schönen Künste in Istanbul zu studieren. Nach der Entlassung aus dem Wehrdienst arbeitete er als Journalist, Redakteur und Herausgeber, als Schriftsteller und Dichter.

Er verfasste zahlreiche Zeitungsartikel, politische Kampfschriften, Essays, Kurzgeschichten, Theaterstücke, Romane und Gedichte. Vor allem durch seine Satiren wurde er weltbekannt und einer der beliebtesten und einflussreichsten Schriftsteller der Türkei. Er hatte aber auch viele Gegner in politischen und religiös-fundamentalistischen Teilen der Bevölkerung.

Bisher wurden mehr als 140 seiner Werke herausgebracht und in mehr als 40 Sprachen übersetzt. Über 20 seiner Werke wurden ins Deutsche übertragen.

Aziz Nesin unterstützte als Journalist und Gewerkschaftler die Schaffung einer aufgeschlossenen, demokratischen Gesellschaft in der kemalistischen Türkischen Republik. Er zählte sich selbst zur Arbeiterklasse und sah es stets als seine Aufgabe an, besonders für seine arbeitenden Landsleute aus dem Volk zu sprechen, für ihr Recht auf Bildung und sozialen Aufstieg zu kämpfen und sie dabei zu unterstützen, selbstbestimmte Menschen zu werden. Aziz Nesin trat sein Leben lang dafür ein, dass alle Menschen in der Wahl ihrer Glaubensüberzeugungen und Weltanschauungen frei seien und dass man ihre Entscheidungen anerkennen und achten müsse. Er erklärte immer ganz klar seine Gegnerschaft gegenüber religiösem Fundamentalismus und dem Missbrauch von Religionen für politische Zwecke. Einen mörderischen Brandanschlag religiöser Fanatiker, dem 37 Menschen zum Opfer fielen, überlebte Aziz Nesin 1993 in Sivas nur mit knapper Not.

Wegen seines kompromisslosen Eintretens für die Menschenrechte verfolgten ihn staatliche Obrigkeiten viele Jahrzehnte. In über 200 Prozessen wurde er vor Gericht gestellt, mehr als fünf Jahre war er in Gefängnissen inhaftiert.

Auf seinen Reisen besuchte er zahlreiche Länder der Erde. In vielen von ihnen wurde er für seine wegweisende politische Haltung, seine pazifistische Überzeugung und sein großes literarisches Werk mit Ehrungen und Preisen ausgezeichnet.

So lange Aziz Nesin lebte, fühlte er sich verpflichtet, seiner Gesellschaft gegenüber eine Schuld abzutragen. Er erfüllte seinen Lebenstraum und seine Dankesschuld und verwirklichte seine humanistische Grundeinstellung in der *Nesin Stiftung*, die er 1972 gründete. Zu ihr gehören unter anderem das *Kinderparadies* und ein Bauernhof bei Çatalca, der *Nesin Verlag* in Istanbul und nahe Şirince das *Mathematikdorf* und das *Philosophiedorf*, die beide gegründet worden von Ali Nesin, dem Sohn von Aziz Nesin.

Seit 1984 kommen in das *Kinderparadies* Jungen und Mädchen aus Familien, die für ihre Kinder nicht sorgen und ihnen keine Chance auf schulische und berufliche Bildung bieten können. Im *Kinderparadies* finden die Kinder eine große Familie und eine neue Heimat. Man achtet dort auf alle Bedürfnisse der Kinder und erzieht sie nach den pädagogischen Prinzipien Aziz Nesins. Sie besuchen in Çatalca staatliche Schulen. Sie leben im *Kinderparadies* so lange, bis sie ihre berufliche Ausbildung oder ihr Studium beendet haben und auf eigenen Beinen stehen können.

Aziz Nesin starb am 6. Juli 1995. Auch nach seinem Tode wollte er „seinen Kindern" nahe sein. Deshalb ließ er sich an einem unbekannten Ort auf dem Gelände des *Kinderparadieses* bestatten. Dort spielen heute „seine Kinder" genau so, wie er es sich mit den Worten *„Kinder sollen über mir laufen"* in seinem Gedicht *Letzter Wille* gewünscht hatte.

Grundsätze von Aziz Nesins Erziehungskonzept*

Legat über die Erziehungsziele im *Kinderparadies* der Nesin Stiftung

1. Ich wünsche, dass meine Stiftungskinder produktiv sind. Ich wünsche mir, dass meine Stiftungskinder ihren Fähigkeiten entsprechend zu konstruktiven, erfinderischen und produktiven Menschen erzogen werden.
2. Ich wünsche, dass meine Stiftungskinder die Welt, die Menschen und die Geschehnisse kritisch betrachten und hinterfragen.Ich wünsche, dass meine Stiftungskinder ohne Strafe heranwachsen.
3. Ich wünsche, dass meine Stiftungskinder auch dann ohne Strafe erzogen werden, wenn ich einmal nicht mehr da bin
4. In der Nesin Stiftung gibt es keine Verbote.
5. Kinder sollen das Recht haben, sich verwöhnen zu lassen.
6. Die Kinder der Nesin Stiftung sollen lernen, was sie der Gesellschaft schulden und welche Verpflichtungen sie ihr gegenüber haben.
7. Ich wünsche, dass meine Kinder der Nesin Stiftung Liebe zu sich selbst entwickeln und so heranwachsen, dass sie sich selber lieben und wertschätzen.
8. Ich wünsche, dass meine Kinder der Nesin Stiftung ihre Minderwertigkeitsgefühle erkennen und überwinden lernen und daraus innere Kraft schöpfen.
9. Ich wünsche, dass meine Kinder der Nesin Stiftung zu zivilisierten Menschen heranwachsen.
10. Ich wünsche, dass meine Kinder der Nesin Stiftung, den geschichtlichen Entwicklungen folgend und bei sich selbst beginnend, sich darum bemühen, ihr Umfeld und ihre Umgebung, ihre Mitmenschen und ihre Welt zu verändern. Sie sollen diesem Ziel entsprechend erzogen werden.
11. Ich wünsche, dass meine Kinder der Nesin Stiftung sich selbst befreien und weit entfernt von der neurotischen Angst leben, die ich die „Angst vor der Angst" nenne.

12. Ich wünsche, dass meine Kinder der Nesin Stiftung, wenn sie ihr Berufsleben beginnen, den Tätigkeiten nachgehen, die ihnen Freude machen.
13. Ich arbeite dafür, dass meine Kinder der Nesin Stiftung sich eigenständiges, individuelles Denken und Verhalten zu eigen machen.
14. Ich wünsche, dass meine Kinder der Nesin Stiftung reich an Phantasie sind und große Visionen haben.
15. Ich möchte meinen Kindern der Nesin Stiftung ganz klar beibringen: Das Leben ist ein Kampf.

(Die Tafeln, auf denen diese Ziele und Wünsche samt Aziz Nesins Erläuterungen nachzulesen sind, hängen im *Kinderparadies* in der Eingangshalle des Hauptgebäudes.)

* Korkudan Korkmak (Die Angst vor der Angst), 1988

Annotations and questions on the poems and stories

Annotations on *To my children*

The language of the poem **To my children** sounds so natural and personal that one almost has the impression of sitting face to face with Aziz Nesin listening to what he is saying.

In beautiful imagery Aziz Nesin presents situations that from daily experience are well known to all readers, be they young or old. But one situation of life – to be in prison – most readers only know in theory. Even so Aziz Nesin includes this key situation in his poem, possibly because of years of personal experience.

Aziz Nesin who implemented his pedagogical concept in creating *Children's Paradise* in his poem speaks of *his children*. In these children and youngsters of the new generation he places his hopes most of all.

In accordance with his contemporary educational concept Aziz Nesin expressively urges them to use every opportunity for creative action and to give as much room as possible to act and think independently. He wants them to stick to their convictions and wishes them to persistently realize their vocational and artistic capabilities and their concepts of life, regardless of how the world reacts in which they live.

Yet, for Aziz Nesin it is not the question of showing them means and ways how best to beat their competitors, to reach the top of the ladder and assert themselves in the modern world, dominated by economic competition. For the sake of their own pleasure and at the same time for the benefit of the society that they come from they rather should take time to think about themselves, to learn who they are and to prove what they can achieve.

It is this self-confident way of thinking and acting which helps to develop one's own personality, to try to do the unheard-of, to achieve truly relevant feats and to contribute to establishing a humane, creative and peaceful society.

In Aziz Nesin's opinion the members of the young generation are especially important for the development of their country because their visions, courage, energy and juvenile vigour give them the chance and also the task of creating a new social order.

The young people living at Aziz Nesin's foundation *Children's Paradise* quite well know and very much enjoy the good luck to grow up there. They are not subjected to the constraints of outdated education, intellectual restriction and subservience to authority which Aziz Nesin himself had to go through when he was young.

He encourages *his children*, his young readers all over the world, by the beautiful play on words at the end of his poem. Basically the translation of the last sentence reads: *Everything genuinely good comes from what first is considered to be good for nothing.*

Questions on *To my children*

1. In the poem Aziz Nesin addresses himself mainly to "his children". May adult readers also feel themselves spoken to?
2. Aziz Nesin presents children in quite different situations. What do you think is important for Aziz Nesin when he shows children in such situations?
3. Have you yourself ever been in situations similar to the ones depicted by Aziz Nesin? Can you tell us about it?
4. Nowadays young people prove their capabilities and their skills in a lot of fields. What are you especially good at? What do you like to do most of all?
5. In the fourth stanza Aziz Nesin speaks about being in *prison*. Can you imagine why Aziz Nesin included this stanza in his poem which after all he dedicated to children?
6. In stanzas six and seven Aziz Nesin addresses his readers differently. You can find the key words in line two of the sixth and line one of the seventh stanza. Why do you think Aziz Nesin changes the way of addressing his readers?
7. Aziz Nesin speaks of *intensive thinking* and *unlimited dreaming*. Surely you also take time to think and dream. What do you often think about and most of all like to dream of?
8. You may have experienced that there are quite different conceptions and goals concerning the ways of educating children and young people. Which educational conception is relevant in your school?
9. When your parents grew up, living conditions and views on education were different from what you know today. Because of this there are probably sometimes differences of opinion in your family. Which topics may provoke debates?
10. In our time and age important demands in society are to show maximum performance in one's job and to reach the top of the social ladder. What do you think might be Aziz Nesin's view of that?

Annotations on *In memory of my mother*

In 1965 on the flight from Tashkent to Moscow Aziz Nesin wrote the poem ***In memory of my mother***. He was fifty years old when he created this wonderful memorial poem for his mother gratefully remembering that thanks to his mother's codes of conduct and her character traits he inherited the gift of empathy, human kindness and love.

In this poem Aziz Nesin conveys a lucid picture of his parents' living conditions. A hundred years ago they belonged to the mass of the most destitute people in Turkey. Especially his mother, responsible for running the household, had to grapple with miserable economic, climatic and hygienic conditions that nowadays we hardly can imagine. When she was a girl of thirteen his mother was married; at the age of fifteen she gave birth to her son Mehmet Nusret. He once ironically said that his parents could not have given him a better name than Nusret, i. e. "God's help". In those days of extreme poverty his family's survival literally had depended on God's help. Later he called himself Aziz Nesin. Several more children of Aziz Nesin's mother died in their infancy. She herself was only twenty-six years old when she died, most likely because of the burdens and living conditions that much too early had exhausted her strength and health.

The lines *Twenty-six you were when you died Never having lived at all* remind us of this incident which obviously impressed Aziz Nesin deeply in his childhood days. Later on in the poem quite specifically the words of these lines almost literally are repeated. But the hopeful vision of future times *Nowadays mothers will no longer die without having lived* goes far beyond his mother's fate. Here Aziz Nesin quite consciously speaks of "mothers" in general. That means he thinks of all mothers all over the world who suffer and die from conditions similar to those of his mother.

That is the way it used to be but it will not go on like that is the programmatic title of one of Aziz Nesin's autobiographical works. Some excerpts of it are contained in this book. It is no exaggeration to say that all his life Aziz Nesin fought to realize his vision of abolishing the misery of the past, poverty and sickness, ignorance and exploitation, traditional paternalism and religious coercion, social deprivation and political suppression. He called for enlightenment and education, social, medical, economic and political progress and contemporary humane living conditions to take their place. Then, Aziz Nesin hoped, women would be spared the fate that his mother had suffered from and that never had offered her a chance of enjoying a long, happy and carefree life.

Questions on *In memory of my mother*

1. In his poem Aziz Nesin's decribes what his parents' home looked like. What differences are there compared to your own home?
2. Aziz Nesin tells us under what conditions his mother lived and had to run her household. Can you tell us how your grandparents live or lived?
3. What do you think Aziz Nesin wants to say when he calls his mother the most beautiful of all mothers?
4. Aziz Nesin lost his mother when he was eleven years old. What part of his mother's heritage is he especially grateful for?
5. Aziz Nesin twice emphasizes that his mother died without having lived. Can you explain what he wants to tell his readers?
6. In the last but one line of the poem you can read *That is the way it used to be*. Aziz Nesin alludes to the living conditions at the time of his parents, especially his mother. Can you say in your own words what circumstances he hints at?
7. The last line of the poem reads *But it will not go on like that*. Do you think living conditions for people, especially women, have changed markedly, so that Aziz Nesin's objectives have been realized? Can you give examples?
8. Certainly you have heard that vocational opportunities and working conditions for girls and women still are very poor in many countries of the world. Have you any idea why this is so?
9. According to your knowledge what are living conditions and vocational opportunities like for girls and women in your surroundings? Do you talk about these subjects with your family and your friends?
10. At present you still go to school. What secondary school qualifications are you aiming at? Which ideas have you about your vocational training and your future professional work?

Annotations on *The flower*

Aziz Nesin's mother was a young woman who could neither read nor write. But she was sensitive and had what generally is called common sense.

In the little story **The flower** Aziz Nesin tells us how one day he picks some flowers in the garden and gives them to his mother as a present. His mother seems to be happy about her child's gift. Although she actually wants to stop her son from picking more flowers, she pretends to be willing to pick some more flowers in the garden. Once in the garden, her words *These flowers are alive, they also have a soul* quite unexpectedly add an extra dimension to their conversation. The words *can* and *canlı* of the original text have a twofold meaning. The noun *can* simultaneously is to be understood as *life, soul* and *sensitiveness*; the adjective *canlı* as *live, alive, having a soul* and *being sensitive to pain.* By her remarks Aziz Nesin's mother opens up a new and wider insight into essentials of nature. Primarily for her it no longer is relevant how to appreciate the gesture of a nice present. Quite decidedly it now is a matter of appealing to the young boy's conscience, of developing the sense of love and of responsibility for the preservation of nature, that is to say of life itself.

Generally a plant is rarely considered as a living creature, endowed even with a soul. Looking at it with the natural feeling of the sensitive mother, plants all of a sudden become something alive, deserving consideration and needing protection. The idea of heeding and conserving nature and of caring for plants, animals and men, in other words the concept of empathy, respect and reverence for life itself is presented most convincingly by Aziz Nesin in this little inconspicuous childhood incident that so deeply impressed him. Significantly Aziz Nesin ends his little story *The flower* by thankfully saying: *Whatever there is good in me, I owe it all to my mother.* In his poem *In memory of my mother* Aziz Nesin takes up the very same idea. He remembers his mother whom he lost when he was eleven years old and thanks her with these words: *My heart overflowing with love I owe to you.*

Questions on *The flower*

1. In his story Aziz Nesin tells us a lot about his mother. Which information appears to you to be the most important?
2. Aziz Nesin presents his mother flowers that he himself picked in their garden. How does she react to her son's present?
3. Aziz Nesin is under the impression of pleasing his mother by presenting her a bunch of flowers. Can you imagine how Aziz Nesin feels when his mother suggests to him to pick some more flowers?
4. Aziz Nesin and his mother have a chat in the garden. What does he learn about her outlook on life and the world?
5. In front of the flowers Aziz Nesin's mother makes him take a decision. Describe what kind of decision he has to make!
6. Aziz Nesin's mother simply might forbid her son to pick more flowers. She does not do so, however. Can you think of reasons why she leaves it to her child to make a decision? If you like debate that point with your classmates.
7. Probably you already have had to make a tough decision on your own. Can you give us an example?
8. Most likely you have heard that everywhere on earth men, regardless of nature, do not care for the preservation of the environment. Can you think of some examples?
9. Everywhere on earth gigantic masses of plastic shopping bags and wrapping foil are inconsiderately thrown away after use. Can you imagine what this means for our natural environment?
10. Any visit in a supermarket proves that in our society almost all our everyday household requirements are produced and offered for sale in enormous quantities. There are people who consequently say: "We've got everything in abundance. It no longer makes sense to treat the earth's living creatures and raw materials mindfully and economically in order to preserve the environment." If somebody talks like that what might be your answer?

Annotations on *My father*

In the poem **My father** many structural features and expressive images demonstrate the complex relations between Aziz Nesin and his father.

Lines 1 and 24 of the poem *My father* frame the text. In addition the rhyming word *(that is my) father* separately occupies line 5 and by its isolated position attributes an especially important place to the *father*.

Lines 15 and 23 both end with the word *he*. Several repetitions of the words *(he is the) only one* underline these features.

The relations between father and son were very antagonistic. The following quotation from Aziz Nesin's text *What made me write* may show how great their religious and intellectual differences were: *I think there is a time gap of at least three hundred years between me and my father.* Aziz Nesin's father was deeply rooted in the austere rules of Islam and the behavioural norms of the crumbling Ottoman social order. Aziz Nesin, however, rejected enforced religious and social codes of conduct. The poem *My father* reflects the enormous changes that took place in Turkey since the beginning of the 20th century. The personal conflicts between Aziz Nesin and his father by way of example show how the collapse of the Ottoman Empire and the influx of European thinking had their bearing on Turkish society as a whole. This break of historical continuity, this reform of political and social structures meant the collision of old and new systems of values and ways of thinking not only in official administration or in state-controlled education but also in countless families of the ordinary populace.

The poem *My father* has yet another equally important facet. It allows us to see what connected father and son beyond all mental divergencies. Their antagonistic outlook on life seemed to be irreconcilable. Mutual loving tolerance, unconditional trust in each other and exemplary readiness for understanding, however, formed the basis of their emotional bonds. In the end they proved to be stronger than any form of intellectual or religious enmity.

In his poem *My father* Aziz Nesin makes us feel his admiration and gratefulness for his father. It was him, next to his mother, who had been aware of his son's rare capabilities and had allowed his child to follow the calling of his unique nature.

Questions on *My father*

1. The word *father* appears six times in the text. In three lines it even is the end rhyme. Can you imagine why Aziz Nesin composed the poem in this way?
2. In the text there is a word-for-word repetition of two lines. Where are these lines? Can you imagine what in particular Aziz Nesin wants to express by this structure?
3. Aziz Nesin presents his father and himself in very different pictures. Can you name some of them? Can you think of an explanation, why Aziz Nesin presents himself and his father in such ways?
4. In the poem Aziz Nesin pictures himself listening *head down* to his father's reproaches. What presumably does Aziz Nesin want to tell his readers?
5. Surely at home, with your friends or on TV you have come across the custom of bowing one's head before an adult or of kissing an adult's hand. Can you explain the meaning of this custom?
6. Human relations to a great extent are defined by how much individuals refuse, tolerate, accept or love one another. Are there places in the poem which tell you whether Aziz Nesin and his father only tolerated one another or really loved each other?
7. Probably you experienced yourself how difficult it is to reconcile with somebody whom you had a quarrel with before. What especially are those involved expected to do?
8. Aziz Nesin lets us know that he and his father could forgive each other. In your opinion what does this mean for their relationship?
9. Can you imagine what reasons there are for Aziz Nesin to call his father *the best father in the world* in spite of all the obviously serious differences that separate the two?
10. It is very likely that in your family there are diverging opinions on certain issues, codes of conduct and ways of living. Can you tell us how such problems are dealt with in your family?

Annotations on *The linen bag*

The story ***The linen bag*** *makes us* vividly share one of Aziz Nesin's painful experiences as a small schoolboy. We learn that one day on his way home from school in the wintry cold he loses his linen schoolbag. As someone from a poor family he very well knows what this big loss means not only to him but also to his family.

Aziz Nesin speaks about this incident in such detail, because in his youth he had experienced that many people, amongst them also his parents and he himself, had been ashamed of their poverty and family history. Therefore they had made up an identity in which they whitewashed their origin, their life story and their social status in order to gain more esteem. They had erected facades to hide themselves and their social standing, thereby belying themselves and fooling others. In this story Aziz Nesin's aim is to tell how his father dealt with the incident. His father was so good at fooling his surroundings and himself that he seemed to personally believe his fabricated tales and that his listeners considered them to be true.

More than once Aziz Nesin himself had suffered from the effects of poverty and slight that affected the formation of his personality and the development of his self-esteem. He only succeeded to free himself from these humiliating experiences of his childhood days after he had escaped from poverty, had developed his personality and self-esteem and had gained recognition as writer and poet.

For the readers of this story it is important to know which conclusions Aziz Nesin draws from his experiences. He clearly realizes that social humiliation and overwhelming poverty will cause people to accuse or even despise themselves because of this "flaw". People will act in such self-destructive ways when they feel or experience that their value is pitted against their material possessions and not against their human character and their value as part of mankind.

From this Aziz Nesin deduces that systems of value and structures of societies which judge people in the first place by their property and by their income have got to be changed. In countries where the majority of the population is poor the rich ought to be ashamed of the wealth that they do not share with the poor. The have-nots, however, must no longer be ashamed of poverty and lack of education which they are born into in unjust exploitative systems from which there is practically no escape in spite of all their efforts.

Questions on *The linen bag*

1. What do we learn from the story *The linen bag* about Aziz Nesin and his family?
2. Which incident plays a big role in this story?
3. Why do you think the loss of the bag is such an important event for the family?
4. Aziz Nesin's father later tells the incident quite differently from how it really happened. What is especially striking in his account? Why presumably does the father not tell the incident as it really happened?
5. You may have heard the common sayings "to show one's true colours", "to save one's face" and "to lose one's face". Do you understand these sayings and can you explain them to your classmates? You may also work together with your classmates in order to explain these sayings.
6. Surely you have witnessed people that put on an act and did not want to or could not show their true colours. What may have been the reasons for such behaviour?
7. In one place in the text Aziz Nesin speaks very plainly about poverty and affluence. Can you imagine what Aziz Nesin thinks when he says *in poor countries well-off people ought to be ashamed of their wealth?*
8. Also in our present-day society there is extreme poverty right next to immense affluence. Can you give examples?
9. You probably know that millions of children all over the world cannot go to school or are forbidden to attend classes. Have you got any idea why this is so?
10. Is there anything you particularly like about the story *The linen bag*? Would you like to tell us?

Annotations on *Most incomprehensible*

The uniqueness of human birth and the inescapability of human death – probably – are the most important events in every human being's life. Although birth and death happen every day millions of times no man or woman to this day has ever left any account of his or her personal experience of these events.

Countless poems tell us to what degree Aziz Nesin kept thinking about these events all his life. We also learn of his great desire for knowledge how to meet death face to face and how to put on record his own way of dying.

In the poem **Most incomprehensible** Aziz Nesin in very concise form tells his readers where he has come in his contemplations by December 1987. In the first four two-line stanzas he takes a firm stand against people who for whatever reasons and in whatever way take their own or other human beings' lives.

In the last two stanzas, however, Aziz Nesin makes yet another important step taking his readers right into the middle of one of the greatest problems of his life: on this earth how can one give a purpose and meaning to one's own ways of acting and thinking, how can one prepare oneself for death, how can one understand one's own death and make it meaningful, how can one make the event of one's personal dying comprehensible to the living?

Aziz Nesin's philosophy of life, his foundation and his literary works show that on this earth for him personally it only makes sense to live and work in the interest and for the welfare of mankind. Dying, be it of illness, from old age or because one's vitality is exhausted, ultimately deprives man of using his creative abilities. Simultaneously it means that with each human being's death an immeasurable treasure of experience and knowledge, of capabilities and findings irretrievably is lost to mankind. Day in day out this dilemma causes headaches to Aziz Nesin. His intellectual restlessness and integrity urge him to go on searching for the meaning of life and death even if nobody, least of all he himself, will ever find an answer.

At the end of the poem *Most incomprehensible* the reader is confronted with the words *Most incomprehensible is dying.* That, however, is the very reason why Aziz Nesin cannot leave it at that. Quite on the contrary, again and again during the remaining years until his death many other poems prove how much the inescapable certainty of having to die occupies him. In order to finally come to terms with dying Aziz Nesin in the poem *The longest marathon race* describes death as the ultimate trophy in his life-and-death race. In 1992, three years before his death, Aziz Nesin in his poem *The operating table* again in a very special way deals with the indescribability of dying: *Actually you want to describe what until now has not been recorded. The most important event in life is dying. All the same, dying is not that important since you cannot record how you died.* Here Aziz Nesin considers death as the most important event in his life. There seems, however, to be a note of resignation in what he says: On the face of it he attaches minor importance to death since death evades all of Aziz Nesin's poetical efforts to record the event of his own death. Only some weeks before his death in his poem *To find one's own voice* he puts on record what for him is of prime importance and his final conclusion: *Not to lose his own voice in order to make it stay on earth* as his literary legacy.

Questions on *Most incomprehensible*

1. In the first stanza of his poem Aziz Nesin mentions *accidents* as a possible cause for death. Can you give examples of situations that mostly lead to death?
2. Aziz Nesin claims that men should not kill human beings *in times of peace*. What do you think he probably wants to express?
3. In the third stanza Aziz Nesin speaks out against practising the death penalty, even if legally allowed by the state. Which reasons may he have?
4. Lawmakers of many countries in the world defend the right and the practice of the death penalty. Can you imagine how they justify the death penalty?
5. Presumably you know that many people kill themselves for various reasons. What probably does Aziz Nesin have in mind when he says men should not commit painfully *slow suicide*?
6. Most likely you and your mates have been immunized against various diseases. Do you know against which diseases you are protected by vaccination?
7. You know that many people become ill or even die because they have not been vaccinated or because they refuse protective vaccination. Do you think there should be compulsory immunization for everybody against diseases that can be eradicated?
8. You may have learned that life expectancy is steadily increasing in most countries of the world. Can you imagine why Aziz Nesin wishes that human beings should not have to die of *old age*?
9. Do you think it is possible for people to go on living after their death?
10. Have a good look at the last line of the poem! Here Aziz Nesin does not speak of "death" but of *dying*! Can you and your classmates find out some of the essential differences between the terms "death" and "dying"?

Annotations on *Last will*

The poem **Last will** stands out because of its clear structure. In the original text the word *değil* at the end of each of the seven stanzas accentuates a sharp contrast to the preceding lines. Each of the stanzas depicts a particular situation: If Aziz Nesin had a choice after his death he would like to be the grass of a meadow, a peaceful place for children to play. He would hate to be hemlock. Aziz Nesin alludes to the fact that in Ancient Greece rulers used the poison of this plant to kill people. Socrates during his life time had felt himself to be especially obliged to educate young people. Under the pretext of having intellectually corrupted the local young generation the Athenian authorities condemned Socrates to death and forced him to drain the hemlock cup. Aziz Nesin (also) considered himself all his life time to be an enlightened teacher and a peace-loving philanthropist. He was not sentenced to death for his activities and ideas. But fanatic pursuers made several attempts on his life, political and religious authorities time and again censored and banned his writings, more than two hundred times took him to court and kept him in prison for more than five years.

In his last will Aziz Nesin decreed to be buried at an unknown place on the grounds of *Children's Paradise*. His grave indeed is at the very place where he had wished it to be and every day "his children" really play there without knowing where Aziz Nesin is buried. However, until this day his hopes for peace without weapons and soldiers have not come true, neither at home nor anywhere on this globe. Aziz Nesin mentions the last weak breath he might spare to whistle a little tune. He formulates a sharp contrast to the aggressive sounds of the police whistles he had been forced to obey for so many years as a political prisoner in captivity. In a metaphor Aziz Nesin depicts how after his death even his dead body might be of some practical value. Reverted to bricks he would like to be used in the building of schools. Thus he would be, so to speak, a materialized continuation of what he realized in his lifetime when out of the proceeds of his works he established the *Nesin Foundation* and built *Children's Paradise.*

The poem *Last will* clearly shows Aziz Nesin's pacifistic principles and his love of man: Could he be of any use again, as a pencil in a poet's hand he would write love poems but never death sentences. The important thing is that those poems about love and peaceful human understanding are composed at all and that their message is understood. That is why Aziz Nesin unmistakably lays down that after his death under no circumstances he should be remembered in weapons. He rather hopes to become a natural part of bay trees and stay alive amongst the laurels. Considering Aziz Nesin's lifetime achievements and his literary standing, laurel leaves represent that ultimate prize which is being awarded since the days of the Ancient World to outstanding men and women for their literary achievements or as the highest symbol of gratitude in recognition of their efforts for reconciliation and peace in the world.

Questions on *Last will*

1. What do you understand by "last will"?
2. What does Aziz Nesin mean when he says he would not like to be *hemlock*?
3. What does Aziz Nesin allude to in the image of soldiers *on the run* and *on the hunt*?
4. What do you think Aziz Nesin has in mind when he speaks of *bricks, schools* and *prisons*?
5. What presumably does Aziz Nesin remember when he mentions *police whistles*?
6. Can you imagine how it might be possible to go on living after one's death?
7. Aziz Nesin under no circumstances is prepared to go on *living in weapons*. What do you think he wants to tell his readers?
8. You know that laurel leaves are made use of in various ways, e. g. as a spice. In the last stanza Aziz Nesin says that after his death he wishes to live on in *laurel leaves*. Can you figure out what he may mean?
9. In his poem Aziz Nesin describes the place where he wishes to be buried. Might this wish have to do with his own life story?
10. In the poem *Last will* we learn in a shortened and simplified version what really mattered in Aziz Nesin's life and how he wished to be remembered. Are there any of Aziz Nesin's wishes or decrees that impress or surprise you?

Annotations on *There is so much I do not understand*

In the poem ***There is so much I do not understand*** Aziz Nesin maintains that he only knows and understands little of the world around him. One might expect him to elaborate on this subject in academic language. But he speaks of two poplars. They are typical of Aziz Nesin's homeland, widely used as easy-to-grow timber and known to everybody. They were, as it seems, planted next to each other under practically identical conditions. The one grew into a big tree. The other one remained a stunted specimen.

Aziz Nesin's art of writing is to deliberately present everyday examples known to everybody with the intention of reconsidering them carefully although they seem to be rather unimportant. He makes his readers sensitive to things that seem to be irrelevant. He invites them to ask themselves about the basic idea and purpose of their individual existence. In some places of his poem Aziz Nesin makes use of well-calculated surprise effects. In the original text the last two lines emphasize the contrast between the rhyming words *niçin / why* and *için / for, for that* which may well be understood as a question, a speculation and as an attempt for an answer. In the last line the juxtaposition of the causative verb *şaşırtmak* and the adverb *belki / perhaps, possibly* suggests different ways of understanding and therefore of translating the text. Is Aziz Nesin *confused* or *bewildered* or *disturbed* because he does not understand what he sees? Should he be *amazed at* or *wonder about* what he perceives in order to look at it anew and from another perspective? When trying to understand Aziz Nesin's position is it essential whether he is *surprised at* the things he sees before him or whether he is made to *think about* them? In the present translation the word *şaşırtmak* is rendered by *to make someone wonder*. Within the context this connotation of *şaşırtmak* seems best to reflect the linguistic aspects and to clarify the idea and intention of the poem.

    The allegorical character of the example of the two poplar trees definitely coerces the reader into leaving behind familiar, habitual ways of thinking and makes him/her reconsider manifestations of human life and one's own role in life. The important thing is to ask questions about the How and Why of everything that Life has in store. Why, therefore, to name just a few aspects, are suffering or joy, success or failure, wealth or poverty, health or sickness, happiness or misfortune, recognition or rejection, love or hatred, in a word, men's chances in life so very close to each other and at the same time so enormously different? What does this mean for each of us?

Questions on *There is so much I do not understand*

1. In his poem Aziz Nesin speaks of the fate of two poplar saplings. Do you know what poplars generally look like? Have a look at nature or check the internet to find out. Can you imagine why Aziz Nesin presents ordinary trees like poplars in his example?
2. You know that plants, even if of the same species, may grow and develop quite differently. Can you name factors that decisively influence plant growth?
3. Do you believe that Aziz Nesin in his poem is mainly concerned with the story of the poplars? Might the example of their development be used in other areas of life? What do you think his poem alludes to?
4. You and your family live in a certain quarter and a certain neighbourhood of your town. Which reasons may there be for this fact? Can you explain why your family lives there?
5. Surely you are aware of great differences between your brothers and sisters and your friends. Can you name and explain a few of these differences?
6. Certainly you have lived to see striking events in your family or among your friends that made you wonder. Can you tell us a little about such an event?
7. In politics one often speaks of "equality of chances" in society. Do you know what this term means? Perhaps you should try and find out its meaning with your partners. Can you give an example of how equality of chances is practically realized at your school?
8. Possibly there are disabled children at your school. How is your school organized and what measures are taken to assist handicapped girls and boys to learn successfully and to take part in everyday school life? Can you give an example?
9. In your country there still is great social inequality. Can you give examples and according to your knowledge say why there are these differences?
10. Every human being's life story is decided by a lot of factors. Can you enumerate some important factors? Can you also give reasons why in your opinion these factors are of such importance?

Annotations on *That is the way it used to be but it will not go on like that*

In the chapter ***That is the way it used to be but it will not go on like that*** of his autobiography Aziz Nesin speaks of the difficulties which he and his contemporaries had to overcome in order to escape from the conditions and traditions they had been born into.

In a very striking metaphor he pictures the tiresome salvation out of the bogs of poverty, injustice and ignorance of those gone-by days that took ever so many lives. Aziz Nesin unmistakably states the fact that in the past it had been the prevailing social conditions which decided who was lucky enough to be saved and to make his fortune, who did not have success and escaped by the skin of his teeth and who lost his life in the struggle.

When Aziz Nesin wrote this text, the young Turkish Republic still was at the beginnings of its development. The great masses of the people were still quite destitute and without education and day in day out fought for their survival. There was, however, also the small educated class of economically successful and politically influential people living at the expense of the poor population. Aziz Nesin himself came from the class of those who suffered from exploitation, injustice and lack of education. It was sheer luck that allowed him to go to school, to be educated at the Military Academy, to study at the Academy of Fine Arts and to prepare himself for his profession as a writer.

Very soon in his life Aziz Nesin realized where the powers were that blocked the development of a just and democratic society. He never accepted the traditional social structure of Ottoman Turkey. As a militant member of the writers' union and supporter of the suppressed all his lifetime he was at war with the exploiters and opportunists who wanted to keep alive the prevailing social conditions. He fought for fair chances of education at school and vocational training, for reasonable work and sufficient pay, for the free exercise of democratic rights and for the protection of human rights for all his countrymen who suffered from political and religious patronage and suppression, from economic exploitation and deprivation of rights.

After the collapse of the Ottoman Empire from the very first day onwards Aziz Nesin fought in the front line of those who had begun building a new Turkey according to the ideals of Western democracy. Therefore he changed the fatalistic proverb "That is the way it used to be and that is how it will go on."* into his guiding principle: *That is the way it used to be but it will not go on like that!*

* See *Introduction*

Questions on *That is the way it used to be but it will not go on like that*

1. Surely you have come across the proverb "That is the way it used to be and it will go on like that.". How do you understand this proverb?
2. From Aziz Nesin's text one can infer that there are many people who approve of this proverb and take advantage of it. Can you imagine what kind of people they may be and why they act like that?
3. Aziz Nesin tells us that many people perished in the society that he calls a *bog*. Can you imagine what he expresses by this image?
4. Aziz Nesin speaks of the deadly *thick swamps* from which he only escaped by the skin of his teeth. If you look at his life story what may he have in mind?
5. In his text Aziz Nesin clearly names the people whom he considers as a threat to society. Who are they and what kind of danger do they represent in Aziz Nesin's eyes?
6. Aziz Nesin tells us that there are people who insist that it is sufficient to be gifted and to work hard in order to be successful. Do you believe this is enough or are additional conditions to be met? Can you think of some circumstances?
7. Aziz Nesin speaks of a race in which people take part in order to gain their place in society. What do you think he wants to explain to his readers?
8. These days people often talk of "equal chances" for all. Can you explain the meaning of this term in your own words? Can you also give an example?
9. Your school surely tries to educate all its boys and girls equally well. Give some examples what kind of efforts your school makes to ensure good education for them all!
10. What do you assume you personally have to do in order to prepare yourself well for your vocational training? Do you make use of opportunities offered by your school or other institutions?

Annotations on *The long journey*

The poem ***The long journey*** is due to an everyday occasion. We virtually are looking over Aziz Nesin's shoulder in the night of 6th January 1990 while he is composing his poem. The 75-year-old poet is sitting in his room in Ankara close to a stove watching the play of the warming natural gas flames. His tired body is craving for sleep. But he is fascinated and at the same time worried by the flickering of the burning gas. His mind, wide awake, urges him to put down in writing what just now he is watching, feeling and thinking.

What to us seem to be quite obvious and ordinary incidents for Aziz Nesin take on a special character. Of course he likes to know how long it takes the gas to come all the way from Sibiria to Turkey. It also seems that he feels urged to ask for how long at all in future times natural gas will keep on coming from that far-away part of the world, when perhaps the blue flame no longer will emanate its light and warmth and give him a feeling of homeliness and security.

That night Aziz Nesin does not receive answers to his questions. But the blue flame gives him no peace. On 18th January 1990 back at home in *Children's Paradise* he again takes his pencil and adds a few more lines to the poem. Allowing for some poetic liberty, he quasi makes us take part in the completion of the text begun in that cold night about two weeks before. His feelings, notions and thoughts take shape and make the readers realize the efforts of creating and the satisfaction of completing the poem.

That, however, does not mean that by finishing the poem Aziz Nesin's worries have come to an end. Quite on the contrary, he says that *the long journey of the blue flame* will not allow him to sleep and literally will not give him peace of mind.

With this seemingly simple little poem Aziz Nesin gives his readers an impulse to think themselves about one of today's serious problems: Will mankind use the world's natural resources so carefully that ultimately the earth will be preserved as a planet habitable for man?

Aziz Nesin's ideas are as much in keeping with times as a quarter of a century ago!

Questions on *The long journey*

1. Aziz Nesin writes this poem in the beginning of 1990 in his room in Ankara and completes it about two weeks later in his home at *Children's Paradise* near Çatalca (close to Istanbul). Do these details about place and time of the poem's conception, especially the mention of *Children's Paradise*, impart anything to you?
2. In the poem we see Aziz Nesin sitting in front of his gas stove. He is very tired. But while watching the flames he is kept so busy by his thoughts that he cannot go to sleep. What do you think he is so worried about?
3. In his poem Aziz Nesin does not speak of the long way but of the *long journey* of the natural gas. This difference seems to be important to Aziz Nesin. Try to find out what this difference may mean!
4. Only after a second go Aziz Nesin completes his poem. Can you imagine why he tells his readers about the efforts he has to make to finish his poem?

5. There is a contradiction between the statement *This poem did not work out* in line 6 and the statement *This poem has worked out after all* in line 10. Can you explain this contradiction? Why do you think Aziz Nesin says that he has completed his poem successfully?
6. In our time and age many people use fossil fuels like coal, natural gas or crude oil for heating purposes. Can you name problems caused by the exploitation and the consumption of these fuels?
7. Everywhere people demand the conservation of our environment against further pollution. Can you give examples of environmental pollution?
8. Can you also give examples of protective environmental measures and careful use of our natural resources?
9. Do you speak about environmental pollution in your family? How can you yourself contribute to environmental preservation?
10. Aziz Nesin writes his poem because the sight of the burning natural gas flame directly affects him and makes him think. Would you like to write a text about a problem that has to do with you personally?

Annotations on What we can learn from animals

On closer look at the poem **What we can learn from animals** one notices that in the Turkish original text the verbs in line three of all stanzas except the sixth are inflected in the (Turkish) aorist of the (R-) present tense, expressing habitual activity or general experience or a widely accepted truth.

Only the verb in line three of stanza six does not fit into this frame: in its inflected form of the conditional it expresses an expectation or a demand. There must be reasons for this feature.

Aziz Nesin describes how animals of the same species typically behave when they meet. Somewhat exaggeratingly he tells the reader in stanza five that even snakes, so often discredited by negative prejudice, love one another: While slithering it looks as if they were embracing each other.

By his imagery Aziz Nesin expresses that in his opinion animals of the same species – in marked contrast to the species of man – normally do not attack one another deliberately in order to destroy each other. When animals kill they do so by force of instinct.

The stanzas six and eight form a sharp contrast to the images of peaceful relations between animals in all the foregoing stanzas. In a highly reproachful tone Aziz Nesin asserts that man – gifted with the power of reason and discretion and in general considered to be the crown of creation – does not even use his brains to follow the animals' example of living amicably but quite systematically and intentionally directs his aggressiveness against his own species and against creation as a whole.

It is not at all surprising that Aziz Nesin takes up again the example of the dogs peacefully sniffing at each other. As the last word of his poem he uses the term *dalaşmak*. The meaning of this word is: to fight (like dogs) and grab someone by the throat, to fiercely quarrel with someone physically or verbally. There is no doubt that Aziz Nesin, well aware of the expressiveness of the word *dalaşmak*, quite purposely uses the aorist-form to indicate that this aggressive, hostile way of treating each other is habitual and typical of the human species.

In our time and age a look around is enough to see how right Aziz Nesin is, how much mankind is plagued and endangered by man's lack of peacefulness, by his intentional use of force and by his readiness to commit crimes. Impressively Aziz Nesin shows his genuine concern and deep sorrow about the fate of mankind by ending his poem with the lament: *But they the members of the human species Wherever it may be on earth Savagely will fight their own kind!*

Questions on *What we can learn from animals*

1. In his poem Aziz Nesin speaks about animals and men. In what way do they, according to him, fundamentally differ in their behaviour?
2. In the poem there are two stanzas that are set apart from the others. Can you discern their being different? Who is in the centre of attention in these stanzas?
3. Some of the statements in the poem make the animals' behaviour look as if there was no aggressiveness amongst them. What seems to be Aziz Nesin's main concern while describing the animals' habitual behaviour?
4. Aziz Nesin quite clearly expresses his critical views about the ways in which humans generally behave. Can you express in your own words what in general is understood by aggressive behaviour?
5. In sports competitions physical and mental aggressiveness often are vital for success. What do you think is necessary to avoid serious clashes?
6. For Aziz Nesin aggressiveness and stubbornness seem to be typical characteristics of the human species. Does Aziz Nesin leave matters at that or does he make proposals for changes?
7. Surely you have personally experienced forms of good and bad behaviour in your surroundings. Tell us about your experiences!
8. In your school certainly there are causes for aggressive incidents, for instance during the breaks. How are aggressive incidents settled at your school?
9. A "mediator" is a person who acts as a peacemaker between two warring parties in order to settle the argument. Do you have a mediator at your school? Would you like to be a mediator yourself?
10. In their reports pupils are given marks for their achievements. Do you think it might be appropriate to give them comments or marks about their behavioural performance at school, too?

Annotations on *Tenacity and patience*

The form of the poem **Tenacity and patience** seems to be quite simple. On reflection, however, the reader realizes the structuring rhyme schemes, the systematic selection and repetition of words or phrases, the intentional play with certain expedient inflexions of verbs, the especially artitstic qualities of the three stanzas.

In the English translation the structures of the Turkish original text are rendered more or less identically.

The terms *inat* and *sabır* of the title contain connotations which complicate the translation of the text into other languages. Ought the word *inat* to be rendered in English by *obstinacy, stubbornness, persistence* or *tenacity* and the word *sabır* by *calmness, continuance, perseverance* or *patience*? It seems that the terms *tenacity* and *patience* come closest to what Aziz Nesin has in mind.

In the last lines of the first and the second stanza greater linguistic pliancy suggests the use of the adjectives *tenaciously* and *patiently* in place of the corresponding nouns in the Turkish text. In a certain sense the poem *Tenacity and patience* is symbolic of all of Aziz Nesin's achievements. He demands total devotion to work and greatest artistic efforts of himself in realizing both his social targets and his literary conceptions.

For the woodpecker the hacking *beak,* for the water the persistent *dripping* is the appropriate "tool". For Aziz Nesin the woodpecker's *tenacious* hacking and the water's *patient* dripping become the convincing and guiding examples for his own way of working. He associates the abstract nouns *tenacity* and *patience* with the concrete "tools" at his command, his courageous *pencil* and his empathic *tears.* With these tools he takes part in the development and shaping of new social and ethical systems of values.

In the third stanza the tone of the poem changes. In the text Aziz Nesin now no longer is an observer. He takes his position in social conflicts and calls upon himself to join in the battle. According to his self-image it is part of men's moral duties to engage themselves in society, to positively develop and alter it. In this context one of the most difficult tasks is to rid oneself of outdated ideas, rigid ideologies and taboos that obstruct social progress.

We learn from Aziz Nesin's life story how tenaciously all his life he fought for his convictions and ideas although he was taken to court countless times and kept in prison for years by state authorities.

Therefore one might be tempted to say that tools like pencils or tears are too inadequate and weak in battles with relentless enemies like firmly rooted taboos and suppressive social powers. But we know that again and again Aziz Nesin's indefatigable pencil and his empathic tears proved to be stronger than his opponents. His literary work and his social engagement made him popular in every corner of his country and all over the world. Perhaps Aziz Nesin, without expressively saying so, in this poem in the first place speaks to the members of the young generation; possibly they are more able and willing than the older generation to establish an enlightened, just and humane society. His example may be a source of strength and courage for them.

Questions on *Tenacity and patience*

1. In the three stanzas of the poem there are words which obviously are quite essential and therefore appear several times. Name a few of them!
2. Some places in the text clearly show similarities with each other. Find out some of them!
3. The use of the *beak*, the woodpecker's "tool", and of the *drops*, the water's "tool", has certain effects. Describe the effects!
4. Why do you think are the woodpecker and the water of special importance to Aziz Nesin and why does he take the woodpecker's beak and the drops of water as examples?
5. Which tools does Aziz Nesin have at his disposal as a writer? Does he name them in his poem?
6. Which similarities does Aziz Nesin see between the "work" of the woodpecker and the water and his work as a writer?
7. At the end of the poem you come across the word *taboo*. Do you know what a taboo is? Can you give an example?
8. Certain religious communities have taboos of very special importance. Can you think of such a taboo?
9. In every human society there are taboos which are strictly observed and which must not be broken by anyone. Can you imagine which taboos must not be offended at all?
10. In the last line the poem reads: *bring down the taboos*! Which taboos does Aziz Nesin probably have in mind? Whom does he probably address first of all in his poem?

Annotations on *What made me write*

Answers to the questions about the social origin and role of human beings were of prime importance to Aziz Nesin. All his life he tried to figure out what effects certain social systems have on the human individual and on the commonwealth.

In the chapter ***What made me write*** of his autobiography *That is the way it used to be but it will not go on like that* Aziz Nesin dealt with the problem which social class we come from and what bearing this has on us.

In the excerpt presented here he approached this difficult aspect of class struggle by way of examples taken from the life stories of a former classmate and of his own family. Having become a millionaire Aziz Nesin's classmate lied to his children about his true poor origins and made them believe that his parents had been rich and that his grandfather had been an Ottoman general.

From his own social milieu and from personal experience Aziz Nesin learned how one's origin from the poor class and one's suffering from backward conditions produce feelings of shame, inferiority and self-abasement which may go as far as denying the origins of one's own family, the falsification of one's own life story and the rejection of one's own personal identity.

Aziz Nesin only succeeded in freeing himself from the humiliating experiences of his past and his feelings of inferiority and shame after he had become a well-recognized writer. Aziz Nesin saw himself and the people of his age group tied up in the conflicts between inherited almost inescapable poverty and newly acquired secure living circumstances, between outdated traditions of the past and present-day ways of thinking and acting. From these inner conflicts Aziz Nesin drew the conclusion that one must know one's own social background, acknowledge the origin of one's own family and stick to one's own life story. On the basis of this personal knowledge and experience one is able to develop personality and self-esteem. Having become that kind of person one can well see from where one has come, which way one is to follow in one's personal development and how one can actively and successfully take part in establishing a contemporary and humane society.

In the light of social, economic and political developments all over the world Aziz Nesin made it perfectly clear what his objective was. He therefore altered the Turkish proverb "That is how it was and how it will go on."* into his guiding principle *That is the way it used to be but it will not go on like that!*

* See *Introduction*

Questions on *What made me write*

1. Aziz Nesin says that the life stories of many families are not true but whitewashed. What do you understand by "whitewashed stories"? Can you give an example?
2. Why do you think did Aziz Nesin's classmate hide his origins from his family?
3. Probably you do not know what it meant in society more than a hundred years ago to be a general in the Ottoman army. Try to find out and describe it!
4. What do you understand when Aziz Nesin writes that between people of his age group and the generation of their parents *there is a time gap of at least one or two hundred years*?
5. Aziz Nesin explicitly states that between himself and his father *there was a time gap of at least three centuries*. Can you explain what Aziz Nesin wants to tell his readers?
6. Aziz Nesin considers himself to belong to those people who because of their origin and life story suffer from an *inner conflict*. What do you think he wants to describe to his readers?
7. Do you think it is important to know one's own origin and to investigate one's own life story?
8. Surely you know somebody in your family or among your friends who has an extraordinary life story. What is interesting and important about it? Can you tell us about it?
9. Can you explain in your own words the meaning of Aziz Nesin's guiding principle *That is the way it used to be but it cannot and must not go on like that!?*
10. Make use of the internet and/or other sources of information to find out what Aziz Nesin personally did in order to create better living and learning conditions for children than he himself had in his youth!

Annotations on *Peace among Turks and Greeks*

In the poem **Peace among Turks and Greeks** central passages are emphasised by rhyming words. The lines 1 and 4 rhyme with *from us* and thus clearly speak of today's Turks and Greeks. Aziz Nesin takes up the moral challenge of doing his share in establishing truly peaceful relations between them and in his poem directly speaks to the people of both nations.

It is not by coincidence that Aziz Nesin places the terms *blue, white* and *red* close to the names of the countries. The Greek and the Turkish national flags are made up of the colours blue-white and red-white. Greeks and Turks, laden with their historical burden, no longer should remain separated under their flags but create a new beginning of their relations.

After the conquest of Constantinople (present-day Istanbul) and the fall of the Byzantine Empire Greece for more than three centuries was part of the Ottoman Empire. In 1821 the War of Independence from Ottoman supremacy began and in 1830 ended by Greece's recognition as an independent monarchy. After the defeat of the Ottoman Empire in the First World War and after the foundation of the Turkish Republic – due to European realignment policies – practically all Greeks by force had to leave Turkey, the land of their origin, and resettle in Greece while almost all Turks were forcibly expelled from their homeland Greece and resettled in Turkey. The memories of centuries of Ottoman rule in Greece and the especially traumatising events and geopolitical results of World War 1 and the 1922/23 Lausanne Population Exchange Convention until recently determined the relations between the two peoples.

The various repetitions of certain words like *friend, partner, hand, peace*, to name just a few, underline what has been one of Aziz Nesin's main concerns all his life: the two nations must come to terms with their heavy historical burden and get rid of their prejudices. Distrust, hatred and rejection must be replaced by trustful striving for understanding, brotherhood and peace.

Since many decades the two countries cooperate as members of NATO. Fierce economic competition, especially in the tourist business, unsettled territorial claims, continuing quarrels concerning the status of Northern Cyprus and the stagnant negotiations about Turkey's full membership in the European Union, however, clearly indicate how difficult it is even nowadays to solve these problems politically.

The triple repetition of the rhyming word *hand* (in the original text) in the image of the outstretched hand clearly tells us: Greeks and Turks should stop talking symbolically about reconciliation. Overcoming all frontiers and antagonism men and women of these two peoples, the closest of geographic neighbours anyway, should link together. Honestly and truly like really good relatives they should shake hands and strive for mutual understanding and recognition in that part of world to which they all belong. The last two lines of the Turkish text end with the rhyming words *yarış / contest, competition* and *barış / peace*. In this poem the adequate contextual understanding and translation of the term *yarış* is *to strive for*. The point is that Greeks and Turks alike, quasi in a competition, are to distinguish themselves by *striving for* the common goal of *peace*.

Questions on *Peace among Turks and Greeks*

1. In his poem Aziz Nesin speaks of peace between the Greek and the Turkish people. Whom does he actually address in his poem? What may be Aziz Nesin's motives?
2. Colours often have a special symbolic meaning. A number of certain colours is mentioned in this text. What may be Aziz Nesin's reasons for mentioning them?
3. Greece and Turkey are neighbour countries. Can you find places in the text where Aziz Nesin alludes to special geographical relations between them? Do you think it is important to think about such matters?
4. Aziz Nesin almost conjures up the necessity of peaceful relations between Turks and Greeks. Which terms and images does Aziz Nesin use to depict his ideas?
5. In the last but one line of the poem's original text Aziz Nesin speaks of a common *race / yarış* for *peace / barış* between the two peoples. Why do you think he uses this image? May it have to do with Greek history?
6. Relations between Greece and Turkey to this day are characterized by particular historical events and special treaties. Do you know anything about these events and treaties? History books or the internet may be helpful.
7. Aziz Nesin wrote this poem many years ago. Do you think that meanwhile Greece and Turkey have come closer to Aziz Nesin's ideas about reconciling the two nations?
8. Have people in your family or among your friends fallen victim to the effects of the Turkish-Greek population exchange that took place in the first quarter of the 20th century? If that is the case, would you like to comment on it?
9. Many people travel to Turkey or Greece for their holidays. Do you believe that people by tourism get to know and understand each other better and that the world becomes a more peaceful place?
10. Greece and Turkey belong to NATO. Greece is a member of the European Union, Turkey is not. Have you got any idea what stage the membership negotiations between Turkey and the EU have reached at the moment? If you want to learn more about the situation you can get information from the internet!

Annotations on *To be the owner of this world*

The poem **To be the owner of this world** keeps Aziz Nesin busy for a number of years. In 1992 he writes the first version in hospital in Istanbul. Even there his worries about the state of the world keep him busy. Again in Istanbul in hospital, Aziz Nesin finishes the last version in 1995 only a few months before his death. This may be taken as an indication of the intensity and persistence of the interest he takes in the topic of this poem.

The nearly identical and almost entreating repetition of certain passages in the first and in the last two stanzas virtually connects the opening and the finishing lines of the poem and represents an important structural element of the text. In these stanzas God is mentioned. Aziz Nesin characterizes God by the capital letter *O* which in the English translation is represented by the word *He*.

In some of the world's religions like Judaism, Christianity and Islam the preservation of creation is a central topic of utmost importance. The basic idea is that everything that has been created comes from God and aspires at being reunited with Him. These religions link the fundamental conception of unity in creation to the concept of harmony within creation.

Though part of creation, man is considered to be a rational being fundamentally different from all other creatures. Thanks to his capabilities, he can rise above the level of satisfying his purely material needs, can form judgements and develop values and norms.

Man lives in creation, with it, from it and for it. According to these religions this gives meaning to human existence. For that reason they ultimately hold man himself responsible for creation.

In our time and age there is no longer a universally shared understanding among men as far as justification and liability of these religious claims are concerned. Many people consider a deity or God to be the creator of the universe. From this conception almost everywhere on earth they deduce that in the final analysis not man but this deity or God also bears responsibility for its / His creation, itself / Himself being its creator and owner. The protection and environmental care of creation nowadays are jeopardized by industrial and technical changes worldwide. Aziz Nesin observes the ongoing marring and destruction of the earth. He is fully aware of the fact that too many people become more and more unwilling and incapable of assuming responsibility. Therefore he takes a firm stand. Whichever outlook on life they may have, whatever creed they may follow or not, in the first line of stanza seven he confronts his readers with his threefold *No, no, no!* Thus he puts a definite stop to all attempts of falling back on excuses of any kind or on making a deity or even God as the last instance responsible for the world.

We have every reason to assume that Aziz Nesin's statement *This is my world it is not His, I am responsible, responsible am I!* is directed to every human being's conscience to help preserve the world fit to live in. From the very moment of birth every man or woman lays claim to a certain part of this earth; everybody may consider that part of the world which he or she lives in as his or her homeland, as his or her property. That, however, means that every human being is fully responsible for the protection and the welfare of his or her share of the globe and in addition for the care of all plants, animals and human beings on earth.

Questions on *To be the owner of this world*

1. Aziz Nesin enriches the expressiveness and graphic nature of his poem by many images. Can you name some of them?
2. In the poem Aziz Nesin mentions *Mehmet, Ahmet* and *Ömer*. Can you imagine why he speaks of them?
3. Aziz Nesin speaks of *mugs* and *cowards*, of *liars* and *thieves*, of *crooks* and *law-breakers*. In your opinion why does Aziz Nesin say that he also feels responsible for them and their conduct?
4. The stanzas one, seven and eight have a special characteristic concerning language and contents of the poem. Can you name it? What does Aziz Nesin talk about there?
5. Many people believe that a deity or God created the world and that therefore that deity or God also is responsible for it. Can you find places in the poem that show whether Aziz Nesin shares these views or takes another stand?
6. Waste treatment and recycling become more and more important. Do you know what these terms mean? You can get information from the internet.
7. Smoking no longer is permitted in many public buildings. Do you think this is an effective measure in environmental care?
8. Man-made plastic refuse in the oceans meanwhile is a serious threat to the oceanic animal world and to oceanic plant life. Do you have an idea how this threat might be remedied?
9. Every day a lot of garbage is produced at your school. How do you help to minimize this amount of garbage? How is the garbage treated which inevitably comes into being?
10. After most big public events the environment is littered with garbage left behind in spite of available waste containers where people can throw their refuse. Can you explain such behaviour? Can you make proposals how to change this conduct?

Annotations on *Chat*

In the chapter **Chat** of his autobiography *That is the way it used to be but it will not go on like that* we learn that Aziz Nesin's fundamental claims for a permanent change of Turkish society were aimed at the exploitative and undemocratic organisation of the society which he found in his country right at the beginning of his career. As a journalist and writer he constantly was confronted with politically antiquated ideas and repressive religious powers obstructing Turkey's development into a contemporary, just and democratic society. In spite of the fact that for many years he had been imprisoned because of his convictions and activities Aziz Nesin for himself draws an ironical conclusion: his foes had not been able to beat *a tiny, blunt pencil.* In the long run Aziz Nesin had proved to be stronger than his persecutors and in his writings, especially in his satires, he had made them look ridiculous.

After the World Wars many countries were face to face with very serious economic and financial crises. Conflicts about the political and economic re-shaping of the European countries developed into more and more aggressive left-wing, conservative, nationalist and fascist movements.

Aziz Nesin's life experience made him take his place in society with those who like him only after deprivation and suffering beyond words had been able to free themselves from the bonds of their poor, unjust and hopeless past. Aziz Nesin explicitly stresses that his life story made him a socialist, that he belongs to the class of those that have suffered from injustice and exploitation.

According to his personal understanding of true socialism Aziz Nesin always believed that he had to make up for what he had been given by his own countrymen. He therefore did not keep the proceeds of his literary works for himself. On the contrary, in line with his humanistic principles, in 1972 he established the *Nesin Foundation.* He invested all his creative energy and all his financial means in the building and keeping-up of *Children's Paradise*. Those children who have the good fortune of growing up at *Children's Paradise* are spared poverty and injustice, insufficient education and lacking care which otherwise might determine their lives.

Questions on *Chat*

1. In his text Aziz Nesin tells his readers about incidents that happened when he was a young writer. Which experiences turned him into a socialist, a *left-winger*?
2. Do you know what one understands by the term *socialist, left-winger*? Can you explain the term, possibly in cooperation with partners? Get your information from non-fiction books or the internet.
3. In politics people often talk of the so-called class society. What does Aziz Nesin say about *upper class* members of society? What do you think he wants to impart when he speaks about "upper class people"?
4. In his text Aziz Nesin says that he is prepared to *fight* for better living conditions for future generations. What do you think Aziz Nesin means? Can you and your mates perhaps find a good explanation?

5. The arrest that Aziz Nesin describes happened to him when he was an adult and worked as a journalist. Can you imagine why he says he suffered the fate of a *naughty boy*?
6. In his simile Aziz Nesin compares his antagonists who consider themselves to be queen bees with wasps bothered by him in their hive. Do you know what the queen bee's function is in a hive and what wasps are good for? The internet can help answering that question. Have you any idea why Aziz Nesin "draws" this image to depict the quarrels with his persecutors? Does this experience with them teach him anything?
7. Aziz Nesin lets his readers know that his foes pursued him because of *a tiny, blunt pencil*. Can you imagine what is behind the symbol of the pencil? What do think he wants to express with this remark about his pencil?
8. Aziz Nesin drew far-reaching conclusions from his life experiences and realized them at *Children's Paradise* in his foundation. What did he want to spare the young generation and how did he want children to grow up in future?
9. Aziz Nesin acquaints us with experiences and objectives that he put down in writing some decades ago. Do you think they still are advisable and can be realized in today's society?
10. Aziz Nesin also recorded his experiences and his knowledge of life in order to entice his readers to draw conclusions for their own lives. Have you come across records of Aziz Nesin's experiences that impress you and from which you personally can learn?

Annotations on *Songs*

The title ***Songs*** of Aziz Nesin's poem does not give any hint at the drama hidden behind this short text. In the beginning it seems as if the reader is only told in a rather innocent way what generally happens to songs: In case people like them they will be sung a lot, will spread everywhere and will remain known for a very long time. If they do not appeal they soon will be forgotten because they are hardly sung and only little known.

In the poem the word *songs* appears four times, a fifth time in the variation *my songs*. It is this repetition of the word and its variation which lends extra weight to the text.

In his critical texts, foremost in his newspaper articles, pamphlets, theatre plays and satires, Aziz Nesin for decades attacked the political state authorities. The government was not prepared to tolerate that his enlightening *songs,* known everywhere and widely spread like folk songs, were listened to and understood by the man in the street.

This poem was written in 1965 at the time of the so-called Cold War. As an important member state of NATO Turkey was directly exposed to its effects. Political life in Turkey was dominated by endless quarrels about Turkey's role in NATO. Aziz Nesin took a very firm pacifist stand in these clashes and suffered a lot from political and vocational reprisals taken against him.

The two last lines of the poem testify to the fact that in those days state authorities imposed bans on him, impeded the publication and circulation of his works and forced him to keep them to himself. Laconically Aziz Nesin tells us of this ban to publish his *songs* and makes the readers feel how deeply angered and frustrated he is. At the same time by the courageous publication of his texts, amongst them also this poem, again and again he openly challenged his enemies of the freedom of thought and the freedom of speech.

Questions on *Songs*

1. Aziz Nesin talks about the fate of songs. Can you give examples of songs that have been around for a long time and are well-known where you live?
2. Can you imagine why songs stay in human societies for long times or why they disappear again very soon?
3. There are many different kinds of texts which are called songs. Can you name one or the other kind of song?
4. During his lifetime Aziz Nesin was a great writer and poet. He was not what is called a popular song-writer. What do you think he means when he speaks of *my songs*?
5. Aziz Nesin says that he is not allowed to sing *his songs*. Try to say in your words what he means.
6. Aziz Nesin was persecuted because he never succumbed to pressure by state authorities but insisted on his right of freedom of speech. Which possibilities have you to inform yourself about the consequences he had to bear?
7. Surely you have heard that also nowadays many people have to flee from their homeland because of their opinions or views. Can you give some examples?
8. Can you think of reasons why governments of many countries persecute people who claim their right of freedom of speech?
9. In the constitutions of many countries of the world the right of speech is embodied as a so-called fundamental right. Do you know which other rights are fundamental rights? Can you name some of them?
10. Is it important for you to be able to live freely according to your own views and beliefs? Give reasons for your opinion!

Annotations on *Such a world*

The half-sentence **Such a world** of the title may be understood as a kind of summarizing answer to the many questions Aziz Nesin puts in the poem. With a few strokes he presents the picture of a society with a system of institutions and values which, according to Aziz Nesin, puts a heavy strain on mankind as a whole. Simultaneously he presents a visionary alternative conception that urges the reader to take his/her stand on the matter.

Of course one may ask whether societies competing for the augmentation of their riches and for the protection of their habitat can be peaceful enough to survive without the use of physical or psychical force. Divided labour and intensive exchange of goods have always been part of the basic requisites for the survival of human societies. It is questionable whether economical or financial activities without banking are at all possible in today's social structures, so intricately connected all over the world. In our time and age it is debatable whether prostitution is one of the consequences of disrupted social structures and emotional relations or whether since times immemorial it is part of traditional or even inevitable forms of social life. In this context the greatest problems are which role the representatives of leading economical, political, military and religious organisations play, to what extent individuals can develop their specific personality and capabilities, to what degree they are allowed to live according to their views and convictions, where the limits are for checks, controls and penalties imposed by state authorities.

Special attention should be given to the last four lines of the poem. Here Aziz Nesin once again confronts his readers in the shortest possible way with the clash of the real world as perceived by him and the vision of the world that he wishes for himself and for mankind. The last three lines in the original version consist of six words only. In the terms *chained, handcuffed* and *forbidden* Aziz Nesin in all probability condensates concepts like rigid social control, racist prejudices, harassing bans, oppressive laws, religious paternalism, arbitrary arrests or political suppression. *Ideas, words* and *love* in concrete form for him, however, among other things may mean the realization of human essentials like the right of union strikes and political activities, free assembly and unimpeded partnerships, freedom of speech and thought, self-determination and self-realization.

In the final analysis the question arises how meaningful social conceptions are, what objectives they should have and which effects they can achieve. It is worthwhile to reflect whether Aziz Nesin's picture of society, marked by injustice, suppression and despotism, really is appropriate and whether his hopes for a new social order are at all realizable. One might be tempted to reproach Aziz Nesin for having visions of a social world order which are too unrealistic and utopian to be taken seriously. But taking into account the background of his own life story and union activities, his experience of professional restriction and political persecution, his democratic convictions, pacifist way of thinking and all-embracing human kindness there remains no doubt which world is to be created.

Questions on *Such a world*

1. Aziz Nesin mentions in his poem institutions that distinctly have an effect on social life as a whole. Name some of the institutions mentioned!
2. Soldiers normally have to fight on battlegrounds. In the poem their mission is different. Which mission do they have to accomplish in the poem? Can you imagine what Aziz Nesin wants to tell his readers?
3. According to Aziz Nesin *banks, barracks* and *prisons* are a heavy burden on society. Can you visualize how a society might function without banks, barracks and prisons?
4. Forms of human societies are presented in the five lines *A world without whistles ... without wars.* Have you ever, for instance while on holiday, been part of such a happy human crowd like the one Aziz Nesin describes? What were your feelings among the people?
5. In the poem Aziz Nesin speaks of those whose names are written in capital letters. In the original text he speaks of *O'ları*, in the English version it is *Them*. (In literature capital letters often are used when referring to high-ranking personalities in public life, deities or God: *He/She - They/Them.)* Can you imagine whom Aziz Nesin thinks of when he speaks of *Them?*
6. Can you explain why *They* are not to play any role in the world envisioned by Aziz Nesin?
7. Try and present in your own words what Aziz Nesin wants to impart to his readers in the lines *A world where you all become we and where we all are we.*
8. Do you understand the figurative expressions *to handcuff words, to chain ideas* and *to forbid love*? Can you explain these bans by some examples?
9. In your opinion are Aziz Nesin's critical views of our human society to the point? Perhaps you disagree. Give reasons for your views!
10. The society that you yourself are a member of tries to create a conservationist, friendly and peaceful social order. Can you give examples from your own experience whether these efforts are realized?

Aziz Nesin's life story

(Foto: Emine Ceylan)

Aziz Nesin's life story

Aziz Nesin was born on 20th December 1915 as the first child of a family from the poor, conservative-religious class of the populace. His original name was Mehmet Nusret. First he used the name Aziz Nesin as a pseudonym, later as his proper name.

Among others the meaning of Aziz is: Beloved, precious, seldom, honourable, virtuous, steadfast.

Nesin means: What are you? (to search and find oneself).

Favourable circumstances allowed Aziz Nesin to go to school, to be trained at the Istanbul Kuleli Military College and at the Ankara Military Academy and to study at the Academy of Fine Arts in Istanbul. After his discharge from military service he worked as a journalist, writer and editor, later as a poet.

He was the author of a great many newspaper articles, political pamphlets, essays, short stories, theatre plays, novels and poems. Especially his satires made him known all over the world as one of Turkey's most popular and influential authors. He met, however, with a lot of opposition from politically and religiously fundamentalist people.

To this day more than 140 of his works have been published and translated into more than 40 languages; more than 20 of them are available in German.

As a union member and writer Aziz Nesin worked for the development of a contemporary, democratic society in the Kemalist Turkish Republic. He considered himself a member of the working class and always regarded it as his particular duty to speak up for his countrymen's right of education, social advancement and self-determination. As long as he lived, Aziz Nesin fought for the principle that all men are free in the choice of their religious beliefs and philosophies of life and that their decisions are to be acknowledged and respected. He always took an unambiguous stand against religious fundamentalism and abuse of religion for political ends. In the year 1993, Aziz Nesin in Sivas narrowly survived a murderous arson attack by religious fanatics that took the lives of 37 victims.

Because of his uncompromising fight for human rights state authorities for many decades persecuted him. More than

200 times he went on trial; he was kept in Turkish prisons for more than five years.

Aziz Nesin travelled all over the world. In many countries honours and prizes were conferred on him because of his exemplary political views, pacifist convictions and his great literary achievements.

All his life Aziz Nesin felt deeply indebted to his society. In 1972 he fulfilled the dream of his life and as token of gratitude realized his basic humanistic philosophy by establishing the *Nesin Foundation*.

It comprises *Children's Paradise* and a farm near Çatalca, the *Nesin Publishing House* in Istanbul and, close to Şirince, the *Mathematics Village* and the *Philosophy Village*, both founded by Ali Nesin, son of Aziz Nesin.

Since 1984 children whose parents cannot bring them up properly and who cannot afford their school education and vocational training come to *Children's Paradise*. There they find a big family and a new home. All their needs and requirements are taken care of and they are brought up according to Aziz Nesin's pedagogical principles. They attend state schools in nearby Çatalca. They stay at *Children's Paradise* until they have completed their professional training or their university studies and are able to stand on their own feet.

Aziz Nesin died on 6th July 1995. He had wanted to be near "his children" after his death, too. Therefore he was buried in an unknown place on the very grounds of *Children's Paradise*. Today "his children" play there, exactly as he had wished them to do in his poem *Last Will* : "*Children should run above me*".

Principles of Aziz Nesin's educational concepts*

Bequest of his educational aims at the Nesin Foundation's *Children's Paradise*

1. I want my children of the Foundation to be productive. I want my children of the Foundation to be brought up and educated in such a way that according to their abilities they will be constructive, inventive and productive men and women.
2. I wish my children of the Foundation to critically watch and study the world, its people and events.
3. I want my children of the Foundation to grow up without punishment. I wish my children of the Foundation to be brought up without being punished when I am no longer on earth.
4. In the Nesin Foundation there are no bans.
5. Children have every right to be spoilt.
6. The children of the Nesin Foundation are to learn which obligations to society they have to meet.
7. I wish my children of the Nesin Foundation to develop self-love and to love and esteem themselves while growing up.
8. I want my children of the Nesin Foundation to recognize and understand their feelings of inferiority, to learn to overcome them and draw inner strength from that process.
9. I want my children of the Nesin Foundation to become civilized men and women.
10. I wish my children of the Nesin Foundation, in accordance with the progress of history and beginning with themselves, to try and change their surroundings and neighbourhood, their fellow beings and the world itself. They should be educated accordingly.
11. I want my children of the Nesin Foundation to get rid of and live far away from that neurotic anxiety which I call "the fear to fear".
12. I wish my children of the Nesin Foundation to enjoy their work when they start their professional career.

13. I work hard to help my children of the Nesin Foundation develop independent individual ways of thinking and codes of conduct.
14. I wish my children of the Nesin Foundation to be full of vivid imagination and to have great visions.
15. I want to teach my children of the Nesin Foundation quite bluntly: Life is struggle.

(The board on which one can read Aziz Nesin's principles and aims plus his personal explanations has its place at *Children's Paradise* in the foyer of the main entrance.)

* Korkudan Korkmak (The Fear to Fear), 1988

Notlar / Erläuterungen / Explanations

En Uzun Maraton, 1987, Bütün Şiirleri 1, S. 231
Der Längste Marathonlauf, 1987, Alle Gedichte 1, S. 231
The Longest Marathon Race, 1987, All Poems 1, P. 231

Ameliyat Masası, 1991/92, Bütün Şiirleri 2, S. 118
Der Operationstisch, 1991/92, Alle Gedichte 2, S. 118
The Operation Table, 1991/92, All Poems 2, P. 118

Kendi Sesini Bulmak, 1990/92/95, Bütün Şiirleri 2, S. 159
Die Eigene Stimme Finden, 1990/92/95, Alle Gedichte 2, S. 159
To Find One's Own Voice, 1990/92/95, All Poems 2, P. 159

Ahmet, Mehmet, Ömer: Türkiye'de sık kullanılan erkek isimleri
Ahmet, Mehmet, Ömer: In der Türkei weit verbreitete Männernamen
Ahmet, Mehmet, Ömer: In Turkey widely used male names

Babıali: İstanbul'da yazarların, kitapçıların ve yüksek resmi kurumların bulunduğu semt
Babıali: In Istanbul Stadtteil der Schriftsteller und des Buchhandels, Sitz hoher Verwaltungsbehörden
Babıali: In Istanbul the writers' and the booksellers' quarter and the seat of high administration offices

Çatalca: İstanbul'un batısında, Nesin Vakfı Çocuk Cenneti'nin bulunduğu bir kasaba
Çatalca: Stadt westlich von Istanbul, Sitz des Kinderparadieses der Nesin Stiftung
Çatalca: Town west of Istanbul, seat of Children's Paradise of the Nesin Foundation

Eyüp: İstanbul'un Haliç'te bir semti
Eyüp: In Istanbul Stadtteil am Goldenen Horn
Eyüp: In Istanbul a quarter at the Golden Horn

Sibirya: Rusya'nın kuzeydoğusunda büyük bir bölge
Sibirien: Großer Landesteil im Nordosten Russlands
Sibiria: Big territory in North-East Russia

Kaynakça, Quellen, Bibliography

Arkadaşım Badem Ağacı
Mein Freund Der Mandelbaum
My Friend The Almond Tree
Aziz Nesin
Nesin Yayıncılık Ltd. Şti.
İstanbul - 1. Basım / 2010

Bütün Şiirleri 1 ve 2
Alle Gedichte 1 und 2
All Poems 1 and 2
Aziz Nesin
Nesin Yayıncılık Ltd. Şti.
İstanbul - 1. Basım / 2007

Böyle Gelmiş Böyle Gitmez
So War Das Zwar, Aber So Geht Das Nicht Mehr Weiter
That Is The Way It Used To Be But It Will Not Go On Like That
Aziz Nesin
Adam Yayınları
Anadolu Yayıncılık A. Ş.
İstanbul - 6. Basım / 1982

Korkudan Korkmak
Die Anst Vor Der Angst
The Fear To Fear
Aziz Nesin
Adam Yayınları
Anadolu Yayıncılık A. Ş.
İstanbul - 1. Basım / 1988

Nesin Vakfı Çocuk Cenneti
Das Kinderparadies Der Nesin Stiftung
Nesin Foundation Children's Paradise
Klaus Liebe-Harkort / Münevver Oğan
Nesin Yayıncılık Ltd. Şti.
İstanbul - 1. Basım / 2006

Gömüyü Arayan Adam
Der Schatzsucher
The Treasure Hunter
Ali Nesin
Sel Yayıncılık
İstanbul - 1. Basım / 1998

Teşekkür

Nesin Vakfı yöneticilerine, Aziz Nesin'in orijinal metinlerini ve fotoğraflarını kullanmamıza izin verdikleri için teşekkür ederiz.

Bremen'deki Wilhelm-Olbers-Schule'nin 9r sınıfı ve Neue Oberschule Gröpelingen, 7d sınıfı öğrenci, öğretmen ve okul idarelerine, *Aziz Nesin Okulda* adlı projenin gerçekleşmesinde canla başla çalıştıkları için şükranlarımızı sunuyoruz. Bu kitabın oluşmasında projenin başarısının rolü büyüktür.

Aziz Nesin'i bana, ta çocukluğumda, çok eğlenceli bir şekilde okuduğu gülmeceleriyle, ablam Nuran Kiper Oğulbulan sevdirmişti. Bundan ve şiirleri ilk yorumlamadaki yardımlarından dolayı ona çok şey borçluyum. Ablam ve eşi Ertuğrul Oğulbulan, yeğenimiz Başak Levent ve meslektaş ve arkadaşımız Recep Ali Tüfek değerli önerileriyle büyük katkıda bulundular. Çok teşekkür ederiz!

Dorothea Herlyn, bilgi ve birikimleri ve yapıcı eleştirileriyle Aziz Nesin'in öykü ve şiirlerinin, açıklamalar ve sorularımızın İngilizceye çevirisinde bize büyük destek oldu. Çok teşekkürler!

Meslektaşımız ve arkadaşımız Kemal Yalçın'a, yazarlık dağarcığından bize armağan ettiği bilgi ve yardımları ve yazdığı sunuştaki çok değerli sözleri için minnettarız!

Danksagung

Wir danken der Leitung der Nesin Stiftung für die freundliche Erlaubnis zur Nutzung der Originaltexte und Fotos Aziz Nesins.

Den Schulleitungen, den Kolleginnen und Kollegen und den Schülern und Schülerinnen der Klasse 9r der Wilhelm-Olbers-Schule sowie der Klasse 7d der Neuen Oberschule Gröpelingen in Bremen danken wir herzlich für ihre engagierte Mitarbeit bei der Durchführung des Projektes *Aziz Nesin in der Schule*. Sie trug wesentlich zur Entstehung unseres Buches bei.

Gerne erinnere ich mich daran, dass meine Schwester Nuran Kiper Oğulbulan mir schon in meiner Kindheit Aziz Nesin sehr nahe brachte durch das witzige Vortragen seiner Satiren; dafür und für ihre Hilfe bei der Interpretation von Gedichten Aziz Nesins am Anfang unserer Arbeit danke ich ihr. Meine Schwester und ihr Mann Ertuğrul Oğulbulan, unsere Nichte Başak Levent und unser Kollege und Freund Recep Ali Tüfek waren uns mit ihren wertvollen Vorschlägen eine große Hilfe. Herzlichen Dank!

Unser besonderer Dank gilt Dorothea Herlyn für ihre klugen, kundigen und kritischen Anregungen bei der Übersetzung der Geschichten und Gedichte Aziz Nesins und unserer Hinweise und Fragen ins Englische.

Unserem Kollegen und Freund, dem Schriftsteller Kemal Yalçın, gebührt für die Unterstützung und Beratung aus seinem schriftstellerischen Schatz und für seine herzlichen Geleitworte zu unserem Buch ein ganz großes Dankeschön!

Acknowledgement

Our thanks go to the administration of the Nesin Foundation for the kind permission to use Aziz Nesin's original texts and photos.

We warmly thank the principals, the colleagues and the boys and girls of class 9r at Wilhelm-Olbers-Schule and class 7d at Neue Oberschule Gröpelingen in Bremen. Their dedicated commitment to our project *Aziz Nesin at School* essentially contributed to the making of our book.

Gladly I remember that my sister Nuran Kiper Oğulbulan in my childhood days acquainted me with Aziz Nesin by her witty way of reading his satires to me. When we began our work she also helped interpreting Aziz Nesin's poems. My sister and her husband Ertuğrul Oğulbulan, our niece Başak Levent and our Bremen colleague and friend Recep Ali Tüfek greatly assistsed us with their apt proposals. Thanks a lot!

We are especially obliged to Dorothea Herlyn for her sensible, knowledgeable and critical encouragement in the process of translating Aziz Nesin's stories and poems and our annotations and questions into the English language.

To our colleague and friend Kemal Yalçın we extend our amicable thanks for his professional assistance and personal commitment during the making of our book and his heartfelt words of welcome on its publication.

Bu kitabın yayınlanması Bildungs- und Förderungswerk (BFW) der GEW (Gewerkschaft Erziehung und Wissenschaft - Eğitim ve Bilim Sendikası / Eğitim ve Destekleme Derneği) tarafından desteklenmiştir.

Die Herausgabe dieses Buches wurde unterstützt vom Bildungs- und Förderungswerk (BFW) der GEW (Gewerkschaft Erziehung und Wissenschaft).

The Publication of this book was supported by Bildungs- und Förderungswerk (BFW) der GEW (Gewerkschaft Erziehung und Wissenschaft - Education and Science Union / Board of Grants and Education).